本書の特長と使い方

本書は，中1英語の基礎中のキソを固めることを目的とした問題集です。
無理なくやさしく学習が進められる工夫が詰まっています。
「まちがえるのが不安…。」「何から書き始めれば…」
そんな悩みをもつ中学生に
1単元1ページの構成です。

問題は，なぞり書きから
始めるやさしいレベルに
なっています。

文法がわからないときは
側注を見ましょう。
1問1問にていねいな
ヒントがついています。

第17章 一般動詞の過去形

51 一般動詞の過去形（規則動詞）

学習日
月　日
解答▶別冊 p.14

次の一般動詞を過去形に書きかえましょう。

わからないときはココを見よう
動詞の過去形は動詞の語尾に d または ed をつけて作ります。

① live 「住む」　　live
② listen 「聞く」　　listen
③ help 「〜を助ける」　　help
④ study 「〜を勉強する」　　stud

study は最後の y を i にしてから ed をつけます。
study → studied

次の日本文に合うように，（　）に適する語を書きましょう。

① 私は昨日，ジョージに電話をしました。
I (call　　) George (y　　　　).

call「〜に電話をする」の過去形は ed をつけて作ります。
「昨日」は yesterday です。

② 彼らは先週，これらの部屋を使いました。
They (use　　) these rooms (l　　　) week.

use「〜を使う」の過去形は d をつけて作ります。
「先〜，この前の〜」は last 〜 です。

③ ルーシーは昨年，北海道を訪れました。
Lucy (visit　　) Hokkaido (　　　) year.

visit「〜を訪れる」の過去形は ed をつけて作ります。

次の英文に（　）内の語（句）をつけ加え，過去の文に書きかえましょう。

① Shinji cooks dinner. （yesterday evening）
　　　　　　　　　　　昨日の晩
Shinji ＿＿＿＿＿＿ ＿＿＿＿＿＿ yesterday
evening.
シンジは昨晩，夕食を料理しました。

cook「〜を料理する」の過去形は ed をつけて作ります。
Shinji cooks 〜
Shinji cooked 〜

② We watch TV. （yesterday）
　　　　　　　　昨日
We ＿＿＿＿＿＿ ＿＿＿＿＿＿ yesterday.
私たちは昨日，テレビを見ました。

watch「〜を見る」の過去形は ed をつけて作ります。
We watch 〜
We watched 〜

54

ボクの
一言ポイント
にも注目だよ！

すうけん
数犬チャ太郎

ヒントを
出したり，
解説したり
するよ！

かっぱ

もくじ

1 英語の文字・場面の表現

次のアルファベットの小文字は大文字に，大文字は小文字に
直しましょう。

❶ t ＿＿＿　　❷ B ＿＿＿　　❸ Q ＿＿＿

❹ g ＿＿＿　　❺ H ＿＿＿　　❻ L ＿＿＿

❼ f ＿＿＿　　❽ d ＿＿＿　　❾ M ＿＿＿

次の日本語を，英語で書きましょう。

❶ アメリカ　　　A＿＿＿＿＿＿＿＿＿＿

❷ 山田タカシ　　Y＿＿＿＿＿＿＿＿＿＿

❸ 東京　　　　　＿＿＿＿＿＿＿＿＿＿＿

❹ 北海道　　　　＿＿＿＿＿＿＿＿＿＿＿

次の日本文の英語訳を書きましょう。

❶ はじめまして。

Nice ＿＿＿＿ ＿＿＿＿ you .

❷ 私はメアリー（Mary）です。

＿＿＿＿＿ Mary .

❸ あなたの名前は何ですか。

W＿＿＿ ＿＿＿ ＿＿＿ ＿＿＿ ？

わからないときはココを見よう

アルファベットの大文字

A B C D E F G H I J K L M N
O P Q R S T U V W X Y Z

アルファベットの小文字

a b c d e f g h i j k l m n
o p q r s t u v w x y z

地名や人名は，
頭文字を大文字で
書くよ。

アメリカ → America

山田タカシ → Yamada Takashi

伸ばす音になる「う」は書きません。
× Toukyou

「っ」は，そのあとのアルファベッ
トを2つ書きます。
Hokkaido
ほっかいどう

「はじめまして。」
→ Nice to meet you.

「私は〜です。」
→ I'm 〜 .

「あなたの名前は何ですか。」
→ What is　your name?
　〜は何ですか　あなたの名前

② I am ～ .

次の日本文に合うように，(　　)内から選びましょう。

❶ ぼくはサトシです。

（ I / i ）am Satoshi.

❷ 私はユキです。

（ I / I'm ）Yuki.

❸ 私は背が高くありません。

（ I / I'm ）am not tall.

次の日本文に合うように，(　　)に適する語を書きましょう。

❶ 私はナオです。

I（　　　　　）Nao.

❷ 私は元気です。

（ I　　　　　）fine.

❸ 私はチカではありません。

I（a　　　　　）（　　　　　　　　）Chika.

次の英文の日本語訳を書きましょう。

❶ I am twenty.

（私　　　　）20 歳（　　　　　　　）。

❷ I am not a teacher.

（　　　　　）先生（では　　　　　　　　　　）。

わからないときはココを見よう

「ぼく」も「私」も I で表します。文の途中でも，いつも大文字で書きます。

I'm は I am を短くした形（短縮形）です。

I am Yuki.

短縮形 I'm

「私は背が高くありません。」

I am not tall.
「私は〜では「背が高い」ありません」

「私は〜です。」

→ I am ～ .

I am では（　）の数が足りないので，短縮形にします。

I am を短くすると…

「私は〜ではありません。」

→ I am not ～ .

I am ～ .は，年齢を表現するときにも使えるよ。

I am not ～ .
→「私は〜ではありません。」

③ I like 〜 .

次の日本文に合うように，（　　）内から選びましょう。

❶ 私はリンゴが好きです。

I (am / like) apples.

❷ 私はネコが好きではありません。

I (do / do not) like cats.

❸ 私は魚が好きではありません。

I (don't / do) like fish.

次の日本文に合うように，（　　）に適する語を書きましょう。

❶ 私は野球が好きです。

I (l　　　　　) baseball.

❷ 私はバナナが好きではありません。

I (d　　　　)(l　　　　) bananas.

❸ 私は牛乳が好きです。

(　　　　)(　　　　　) milk.

次の英文の日本語訳を書きましょう。

❶ I like tea.

（私　　　　）お茶（　　　　　　　　 ）。

❷ I don't like tomatoes.

（　　　　　）トマト（　　　　　　　　　　 ）。

わからないときはココを見よう

「私は〜が好きです。」
→ I like 〜 .

「私は〜が好きではありません。」
→ I do not like 〜 .

don't は do not の短縮形です。
I do not like 〜 .
短縮形 don't

短縮形のつづりに
気をつけよう。

「私は〜が好きではありません。」
→ I do not like 〜 .
短縮形 don't

「私は〜が好きです。」
→ I like 〜 .

I like 〜 .
→「私は〜が好きです。」

I don't like 〜 .
→「私は〜が好きではありません。」

④ Are you 〜 ？

次の日本文に合うように，（　）内から選びましょう。

❶ あなたはアンナです。

（ I am / You are ）Anna.

❷ あなたは学生ですか。

（ Are you / You are ）a student?

❸ （❷に答えて）はい，そうです。

（ Yes / No ）, I am.

次の日本文に合うように，（　）に適する語を書きましょう。

❶ あなたはブラウンさんですか。

（A　　　　）（y　　　　）Mr. Brown?

❷ （❶に答えて）いいえ，ちがいます。

（N　　　），（I　　　　）not.

次の英文を「あなたは〜ですか」とたずねる文に書きかえましょう。

❶ You are Hiroshi.

_____ _____ _____ ?

あなたはヒロシですか。

❷ You are a singer.

_____ _____ _____ _____ ?

あなたは歌手ですか。

❸ I am a teacher.

_____ _____ _____ ?

あなたは先生ですか。

わからないときはココ**を見よう**

「あなたは〜です。」
→ You are 〜 ．

Are you 〜 ？
→「あなたは〜ですか。」

Are you 〜 ?「あなたは〜ですか。」
— Yes , I am.「はい ，そうです。」

「あなたは〜ですか。」
→ Are you 〜 ？

「いいえ ，ちがいます。」
→ No , I'm not.

I'm は I am の
短縮形だね！

「あなたは〜です。」
→ You are 〜 ．

Are you 〜 ？
→「あなたは〜ですか。」

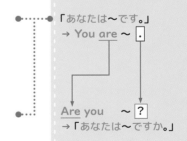
疑問文は「？」で
終わるよ！

5 Do you 〜？

次の日本文に合うように，（　　）内から選びましょう。

❶ あなたは魚が好きです。

（ You like / You are ）fish.

❷ あなたは魚が好きですか。

（ Are you / Do you ）like fish?

❸ （❷に答えて）いいえ，好きではありません。

No, I (am not / don't).

次の日本文に合うように，（　　）に適する語を書きましょう。

❶ あなたはバナナが好きですか。

（ D　　　）（ y　　　）like bananas?

❷ （❶に答えて）はい，好きです。

（　　　　　），I（　　　　　）.

次の英文を「あなたは〜が好きですか」とたずねる文に書き
かえましょう。

❶ You like books.

＿＿＿＿＿ ＿＿＿＿ ＿＿＿＿＿ ＿＿＿＿＿？

あなたは本が好きですか。

❷ You like songs.

＿＿＿＿＿ ＿＿＿＿ ＿＿＿＿＿ ＿＿＿＿＿？

あなたは歌が好きですか。

わからないときはココを見よう

「あなたは〜が好きです。」
→　　You like 〜 [.]

you の前に
Do を置く

[Do] you like 〜 [?]
→「あなたは〜が好きですか。」

Do you like 〜？
— [No] , I do not.
短縮形 don't
「いいえ，好きでは
ありません。」

「あなたは〜が好きですか。」
→ [Do] you like 〜？

Do you like 〜？
— [Yes] , I do.
「はい，好きです。」

「あなたは〜が好きです。」
→　　You like 〜 [.]

you の前に
Do を置く

[Do] you like 〜 [?]
→「あなたは〜が好きですか。」

⑥ This / That is 〜 .

次の日本文に合うように，（　　）内から選びましょう。

❶ これは本です。

（ This / That ）is a book.

❷ あれは鳥です。

（ This / That ）is a bird.

❸ これはかばんではありません。

This（ is / is not ）a bag.

次の日本文に合うように，（　　）に適する語を書きましょう。

❶ あれは病院ですか。

（I　　　　）（t　　　　　　）a hospital?

❷ （❶に答えて）はい，そうです。

Yes,（i　　　　）is.

❸ （❶に答えて）いいえ，ちがいます。

（N　　　　），（　　　　　）（　　　　　　　）.

次の英文を下の日本語に合うように書きかえましょう。

❶ This is a camera.

これはカメラですか。

＿＿＿＿＿ ＿＿＿＿＿ ＿＿＿＿＿ ＿＿＿＿＿ ？

❷ That is Haruki.

あちらはハルキではありません。

＿＿＿＿＿ ＿＿＿＿＿ ＿＿＿＿＿ ＿＿＿＿＿ .

わからないときはココを見よう

「これは〜です。」
→ This is 〜 .

This「これ」は，
近くのものを指すよ！

「あれは〜です。」
→ That is 〜 .

That「あれ」は，
遠くのものを指すよ！

「これは〜ではありません。」
→ This is not 〜 .

短縮形 isn't

That is 〜 .

Is that 〜 ? 「あれは〜ですか。」

〈Is that 〜?〉には，it を使って答えます。
「はい，そうです。」
→ Yes , it is.
「いいえ，ちがいます。」
→ No , it is not .

短縮形 isn't

This is 〜 .

Is this 〜 ? 「これは〜ですか。」

「あれは〜ではありません。」
→ That is not 〜 .

7 He / She is ～ .

次の日本文に合うように，（　　）内から選びましょう。

❶ 彼はトムです。

（ He / She) is Tom.

❷ 彼女は医者です。

（ He's / She's) a doctor.

❸ ハナは学生ではありません。

Hana (is / is not) a student.

次の日本文に合うように，（　　）に適する語を書きましょう。

❶ 彼はボブですか。

（I　　　　）（h　　　　）Bob?

❷ （❶に答えて）はい，そうです。

Yes, （　　　　）is.

❸ （❶に答えて）いいえ，ちがいます。

（N　　　　），（　　　　　　）not.

次の英文を下の日本語に合うように書きかえましょう。

❶ He is Masaki.

彼はマサキではありません。

―――――― ―――――― ―――――― ――――――.

❷ She's famous.

彼女は有名ですか。

―――――― ―――――― ――――――?

わからないときはココを見よう

「彼は～です。」→ He is ～ .
　　　　　短縮形 He's

「彼女は～です。」→ She is ～ .
　　　　　短縮形　She's

「〈人名〉は～ではありません。」
→〈人名〉is not ～ .

He is ～ .

Is he 　～ ? 「彼は～ですか。」

〈Is he ～ ?〉には，he を使って
答えます。
「はい，そうです。」
→ Yes , he is.
「いいえ，ちがいます。」
→ No , he is not .
　　短縮形 he's

「彼は～ではありません。」
→ He is not ～ .

She is ～ .

Is she 　～ ? 「彼女は～ですか。」

8 be 動詞　肯定文

次の日本文に合うように，(　) 内から選びましょう。

❶ 私は医者です。

I (am / are / is) a doctor.

❷ あなたは日本人です。

You (are / is / am) Japanese.

❸ 彼女は 5 歳です。

She (am / is / are) five.

次の日本文に合うように，(　) に適する語を書きましょう。

❶ あなたは背が高いです。

You (a　　　) tall.

❷ この本はおもしろいです。

This book (i　　　) interesting.

❸ ケントは歌手です。

Kento (　　　　) a singer.

次の英文を，(　) 内の指示に合うように書きかえましょう。

❶ I'm Yumi. (下線部を You に)

You ＿＿＿＿＿ ＿＿＿＿＿ .

あなたはユミです。

❷ He's a student. (下線部を I に)
　　　　　　　学生

I ＿＿＿＿＿ ＿＿ ＿＿＿＿＿ .

私は学生です。

わからないときはココを見よう

「私は〜です。」
→ ⬚I⬚ am 〜 .
　〈主語〉〈be 動詞〉

「あなたは〜です。」
→ ⬚You⬚ are 〜 .
　〈主語〉〈be 動詞〉

「彼女は〜です。」
→ ⬚She⬚ is 〜 .
　〈主語〉〈be 動詞〉

am, are, is を be 動詞
といって，主語によって
使いわけるよ！

主語が You
⬚You⬚ are 〜 .
　　　be 動詞は are

主語が 1 つのもの
⬚This book⬚ is 〜 .
　　　　　be 動詞は is

主語が人名
⬚Kento⬚ is 〜 .
　　　be 動詞は is

I'm Yumi.「私はユミです。」
⬚I am⬚
　↓　↓
You …

He's a student.「彼は学生です。」
⬚He is⬚
　↓　↓
I …

9 be動詞 否定文

次の日本文に合うように，（　）内から選びましょう。

❶ 私は学生ではありません。

I (are not / am not / is not) a student.

❷ あなたはマミではありません。

You (am not / is not / are not) Mami.

❸ 彼女は12歳ではありません。

She (is not / am not / are not) twelve.

次の日本文に合うように，（　）に適する語を書きましょう。

❶ 彼は私の弟ではありません。

(H　　　　) not my brother.

❷ あなたは歯医者ではありません。

You （a　　　　　) a dentist.

❸ カズヤは野球選手ではありません。

Kazuya （　　　　　) a baseball player.

次の英文を肯定文（「～です」の文）から否定文（「～ではありません」の文）に書きかえましょう。

❶ This soup is hot.

This soup _____ _____ .

このスープは熱くありません。

❷ I am a teacher.
　　　　先生

_____ _____ _____ _____ .

私は先生ではありません。

わからないときは**ココ**を見よう

「私は～ではありません。」
→ I am not ～ .
〈主語〉〈be動詞〉 not

「あなたは～ではありません。」
→ You are not ～ .
〈主語〉〈be動詞〉 not

「彼女は～ではありません。」
→ She is not ～ .
〈主語〉〈be動詞〉 not

be動詞 is のあとに not

He's not my brother.
He is

You are not a dentist.
短縮形 aren't

「カズヤは野球選手ではありません。」
Kazuya is not a baseball player.
短縮形 isn't

（　）が足りないときは
短縮形を使おう！

「このスープは熱いです。」
This soup is hot.
↓
This soup is not hot.
短縮形 isn't
「このスープは熱くありません。」

I am not ～ . は
I'm not ～ . でも
表せるよ。

---

10 be動詞 疑問文

次の日本文に合うように,(　)内から選びましょう。

❶ あなたは眠いですか。

（ Is / Am / Are ）you sleepy?

❷ （❶に答えて）はい,眠いです。

Yes, (you are / I am).

次の日本文に合うように,(　)に適する語を書きましょう。

❶ ケンはパイロットですか。

（I　　　）Ken a pilot?

❷ （❶に答えて）はい,そうです。

（Y　　　）,（　　　　）is.

❸ エリナはあなたの妹ですか。

（　　　　）Erina your sister?

❹ （❸に答えて）いいえ,ちがいます。

（N　　　）,（　　　　）not.

次の英文を疑問文（「～ですか」の文）に書きかえましょう。

❶ You're hungry.

_____ _____ _____ ?

あなたはおなかが空いていますか。

❷ That is your bag.

_____ _____ _____ _____ ?

あれはあなたのかばんですか。

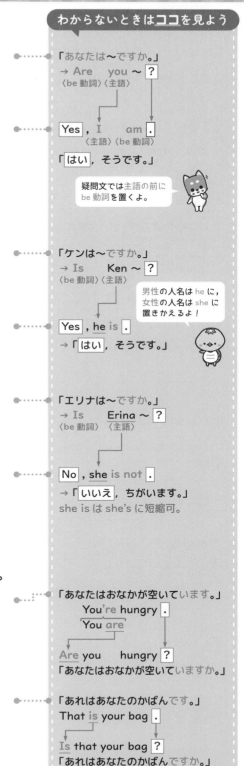

わからないときは**ココ**を見よう

「あなたは～ですか。」
→ Are you ～ ?
〈be動詞〉〈主語〉

Yes , I am .
〈主語〉〈be動詞〉
「はい,そうです。」

疑問文では主語の前に
be動詞を置くよ。

「ケンは～ですか。」
→ Is Ken ～ ?
〈be動詞〉〈主語〉

男性の人名は he に,
女性の人名は she に
置きかえるよ！

Yes , he is .
→「はい,そうです。」

「エリナは～ですか。」
→ Is Erina ～ ?
〈be動詞〉〈主語〉

No , she is not .
→「いいえ,ちがいます。」
she is は she's に短縮可。

「あなたはおなかが空いています。」
You're hungry .
You are
Are you hungry ?
「あなたはおなかが空いていますか。」

「あれはあなたのかばんです。」
That is your bag .
Is that your bag ?
「あれはあなたのかばんですか。」

11 一般動詞　肯定文

次の日本文に合うように，（　）内から選びましょう。

❶ 私はイヌを飼っています。

I (have / am / go) a dog.

❷ あなたは日本語を話します。

You (are / come / speak) Japanese.

❸ 私は大阪に住んでいます。

I (speak / live / are) in Osaka.

次の日本文に合うように，（　）内の語を並べかえましょう。

❶ 私は英語を勉強します。

(English / I / study).

I _____ .

❷ あなたは月曜日にバスケットボールをします。

(you / basketball / play) on Mondays.

Y _____ on Mondays.

次の日本文に合うように，（　）に適する語を書きましょう。

❶ 私は歌を歌います。

(　　　　)(s　　　　　) a song.

❷ あなたはネコが好きです。

(　　　　)(l　　　　　) cats.

❸ 私は9時にお風呂に入ります。

(　　　)(　　　　　　) a bath at nine.

わからないときはココを見よう

「〜を飼っている」は have です。
　I　　have a dog.
〈主語〉〈一般動詞〉

「〜を話す」は speak です。
　You　speak Japanese.
〈主語〉〈一般動詞〉

「住んでいる」は live です。

一般動詞は
「〜する」を表す
言葉だよ！

「〜を勉強する」は study です。
私は　英語　を勉強します。

I　study　English.

「バスケットボールをする」は
play basketball です。
「 あなたは バスケットボールを
　　　　　　　します。」
You 〜 .

最初の一文字は
大文字だよ！

「〜を歌う」は sing です。

「〜が好きである」は like です。

「お風呂に入る」は
take a bath です。

12 一般動詞　否定文

次の日本文に合うように，（　）内から選びましょう。

❶ 私はピアノを演奏しません。

I (am not / do not) play the piano.

❷ 私は泳ぎません。

I (do swim / don't swim).

❸ あなたはイヌを飼っていません。

You (not have / do not have) a dog.

次の日本文に合うように，（　）内の語を並べかえましょう。

❶ 私は野球をしません。

I (do / baseball / play / not).

I _____ .

❷ あなたは朝食を作りません。

(breakfast / cook / don't / you).

You _____ .

次の日本文に合うように，（　）に適する語を書きましょう。

❶ 私はテニスが好きではありません。

I (d　　　)(n　　　)(l　　　) tennis.

❷ あなたはバナナを食べません。

(　　　)(　　　)(　　　) bananas.

❸ 私は日曜日に学校へ行きません。

I (　　　)(　　　) to school on Sundays.

わからないときはココを見よう

「私は〜しません。」
→ I [do not] play the piano.
　〈主語〉　　〈一般動詞〉

I <u>do not</u> swim.
短縮形 don't

don't には
「'」が必要だよ！

「あなたは〜しません。」
→ You do not 〜.

「野球をする」は
play baseball です。
I [do not] play baseball.
〈主語〉　　〈一般動詞〉

「朝食を作る」は
cook breakfast です。
You [don't] cook 〜.
〈主語〉　　〈一般動詞〉

語順に注意！

「テニスが好きだ」は
like tennis です。

「バナナを食べる」は
eat bananas です。

---

13 一般動詞　疑問文

次の日本文に合うように，（　　）内から選びましょう。

❶ あなたは毎朝走りますか。

（ Are / Do ）you run every morning?

❷ （❶に答えて）はい，走ります。

Yes, I (am / do).

❸ あなたはコーヒーを飲みますか。

Do (drink you / you drink) coffee?

❹ （❸に答えて）いいえ，飲みません。

No, I (do / am) not.

次の日本文に合うように，（　　）に適する語を書きましょう。

❶ あなたはリンゴが好きですか。

（D　　　　）（y　　　　　）like apples?

❷ あなたはピアノを演奏しますか。

Do（y　　　　　）（p　　　　　）the piano?

次の英文を疑問文に書きかえましょう。

❶ You play baseball.

＿＿＿＿＿ ＿＿＿＿＿ ＿＿＿＿＿ ＿＿＿＿＿ ？

あなたは野球をしますか。

❷ You drive a car.
　　　～を運転する

＿＿＿＿＿ ＿＿＿＿＿ ＿＿＿＿＿ ＿＿＿＿＿ ？

あなたは車を運転しますか。

わからないときはココを見よう

「あなたは毎朝走ります。」
　　You run every morning.

you の前に Do を置く

「あなたは毎朝走りますか。」

Do you run every morning ?
　　〈主語〉〈一般動詞〉

— Yes, I do.「はい，走ります。」

「あなたは～しますか。」
→ Do you ～ ?

— No, I do not.
「いいえ，飲みません。」

「あなたは～が好きですか。」は Do you like ～ ? だったね！

「ピアノを演奏する」は play the piano です。

You play baseball .

you の前に Do を置く

Do you play baseball ?

「～しますか。」は，文頭に Do を置き，文末に〈?〉をつけるよ！

14 What 〜 ?

次の日本文に合うように，（　）に適する語を書きましょう。

❶ これは何ですか。

（W　　　　　） is this?

❷ （❶に答えて）それは写真です。

（I　　　　　） a picture.

❸ あなたは何を勉強しますか。

（W　　　　）（d　　　　　） you study?

❹ （❸に答えて）私は英語を勉強します。

I（s　　　　　） English.

次の日本文に合うように，（　）内の語を並べかえましょう。

❶ あれは何ですか。(that / is / what)?

W　　　　　　　　　　　　　　　　　　 ?

❷ この食べ物は何ですか。(food / what's / this)?

　　　　　　　　　　　　　　　　 ?

次の日本文の英語訳を書きましょう。

❶ あなたは何を食べますか。

W　　　d　　　　　　　　　　 ?

❷ あなたは何が好きですか。

　　　　　　　　　　　　　　 ?

❸ （❷に答えて）私は音楽が好きです。

I　　　　　　　　 .

わからないときはココを見よう

「これは何ですか。」
What is this ?
「何」〈be 動詞＋主語〉

「それは写真です。」
— It is a picture .
　It's　　　　　具体的な〈もの〉を答える

What 〜 ? には，具体的な〈もの，こと〉を答えるよ！

「あなたは何を勉強しますか。」
What do you study ?
「何」〈do＋主語＋一般動詞〉

「私は英語を勉強します。」
— I study English .
　　　　具体的な〈もの〉を答える

「〜は何ですか。」
→ What is 〜 ?

What's は What is の短縮形です。「この食べ物」は this food です。

It's *natto*!

「…は何を〜しますか。」
→〈What do＋主語＋一般動詞 〜?〉
「〜を食べる」は eat です。

「〜が好きだ」は like です。

「音楽」は music です。

15 Who ～ ?

次の日本文に合うように，(　　) に適する語を書きましょう。

❶ 彼女はだれですか。

(W　　　　　) is she?

❷ (❶に答えて) 彼女はカナです。

(　　　　　)(　　　　　　) Kana.

❸ あなたはだれが好きですか。

(W　　　　)(d　　　　　) you like?

❹ (❸に答えて) 私はカナが好きです。

(　　　)(　　　　　　) Kana.

次の日本文に合うように，(　　) 内の語を並べかえましょう。

❶ 彼はだれですか。

(who / he / is)?

W_____?

❷ あの女の子はだれですか。

(that / who's / girl)?

_____?

次の日本文の英語訳を書きましょう。

❶ あの少年はだれですか。

boy

_____ _____ that _____ ?

❷ (❶に答えて) 彼はカイトです。

_____ _____ Kaito .

わからないときはココを見よう

「彼女はカナです。」
She is Kana .

is を
主語の前に　　　　　who　who を文頭に

Who　is　she ?
「だれ」〈be 動詞〉〈主語〉
「彼女はだれですか。」

who を「あなたはカナが好きですか。」
文頭に　Do you like Kana?

Who do you like?
「だれ」〈主語〉〈一般動詞〉
「あなたはだれが好きですか。」

— I like Kana . 具体的な〈人〉を
答える
「私はカナが好きです。」

「～はだれですか。」
→ Who is ～ ?
「だれ」〈be 動詞＋主語〉

主語は he だよ。

Who is ～ ?
短縮形 Who's

「あの女の子」は，
that girl だね！

Who is that boy?

that boy は男性→ he に

— He is Kaito .
具体的な〈人〉を答える

---

16 How 〜 ?

次の日本文に合うように，(　) に適する語を書きましょう。

❶ あなたの授業はどうですか。

(H　　　)(i　　　) your class?

❷ (❶に答えて) それはおもしろいです。

(I　　)(i　　　) interesting.

❸ あなたはどうやって学校へ行きますか。

(H　　　)(d　　　) you go to school?

❹ (❸に答えて) 私はそこへバスで行きます。

I go there (　　　) bus.

次の日本文に合うように，(　) 内の語 (句) を並べかえましょう。

❶ 私のシャツはどうですか。

(is / my shirt / how)?

H　　　　　　　　　　　　　　　　　　　?

❷ あなたはどうやってこのおもちゃを使いますか。
toy
(do / how / use / you) this toy?

　　　　　　　　　　　　　　　　　　this toy?

次の日本文の英語訳を書きましょう。

❶ あなたはどうやってピザを作りますか。

H　　　　　　　　　　m　　　　a pizza?

❷ あなたはどうやって写真をとりますか。

　　　　　　　　　　　　　　　pictures?

わからないときはココを見よう

「あなたの授業はどうですか。」
→ How is your class?
「どのような」〈be 動詞＋主語〉

「それはおもしろいです。」
→ It is interesting.
具体的な〈状態・様子〉を答える

How is 〜 ? には，
〈状態〉や〈性質〉を答えるよ！

「あなたはどうやって学校へ行きますか。」
→ How do you go to school?
「どうやって」〈do＋主語＋一般動詞 〜〉

「私はそこへバスで行きます。」
I go there by bus.
具体的な〈方法〉を答える

How do 〜 ? には，
〈方法〉や〈手段〉を答えるよ！

「…はどうですか。」
→〈How is＋主語？〉

「…はどうやって〜しますか。」
→〈How do＋主語＋一般動詞 〜？〉
「〜を使う」は use です。

「〜を作る」は make です。

「写真をとる」は take pictures です。

17 When 〜 ?

次の日本文に合うように，（　）に適する語を書きましょう。

❶ あなたの誕生日はいつですか。

（W　　　　）（i　　　　） your birthday?

❷ （❶に答えて） 4月2日です。

（I　　　　） April 2.

❸ あなたはいつ英語を勉強しますか。

（W　　　　）（d　　　　） you study English?

❹ （❸に答えて）私はそれを毎週月曜日に勉強します。

I （s　　　　） it （o　　　　） Mondays.

次の日本文に合うように，（　）内の語（句）を並べかえましょう。

❶ 夏祭りはいつですか。

(the summer festival / is / when)?

W _____?

❷ 彼らはいつテニスを練習しますか。

(they / when / practice / do) tennis?

_____ tennis?

次の日本文の英語訳を書きましょう。

❶ 文化祭はいつですか。
the school festival

_____ _____ the school festival ?

❷ （❶に答えて）それは11月3日にあります。

_____ _____ November 3.

わからないときはココを見よう

「あなたの誕生日はいつですか。」
→ When is your birthday?
「いつ」　〈be 動詞＋主語〉

「(日付)です。」→ It's 〜 .

「あなたはいつ英語を勉強しますか。」
When do you study English?
「いつ」　〈do＋主語＋一般動詞 〜〉

「(曜日)に」→〈on＋曜日〉

曜日は必ず大文字で
書き始めるよ！

「…はいつですか。」
→〈When is＋主語 ?〉

「夏祭り」は
the summer festival だよ！

「…はいつ〜しますか。」
→〈When do＋主語＋一般動詞 〜?〉

「…はいつですか。」
→〈When is＋主語 ?〉

「(日付)に」→〈on＋日付〉

---

18 Where 〜？

次の日本文に合うように，（　）に適する語を書きましょう。

❶ 公園はどこにありますか。

（W　　　　　）（is）the park?

❷ （❶に答えて）それは私の家の近くにあります。

It is（n　　　　　）my house.

❸ あなたは毎年どこへ行きますか。

（W　　　　　）（d　　　　　）you go

every year?

❹ （❸に答えて）私は東京へ行きます。

I go（t　　　　　）（T　　　　　）.

次の日本文に合うように，（　　）内の語を並べかえましょう。

❶ あなたの学校はどこにありますか。

(is / school / where / your)?

Where _____ ?

❷ あなたはどこで泳ぎますか。

(swim / do / where / you)?

_____ ?

次の日本文の英語訳を書きましょう。

❶ あなたはどこで本を読みますか。

_____ _____ _____ read books?

❷ 動物園はどこにありますか。
the zoo

_____ _____ the zoo?

わからないときはココを見よう

•……● 「公園はどこにありますか。」
→ Where is the park?
「どこに」〈be動詞＋主語〉

•……● 「それは私の家の近くにあります。」
→ It is near my house .
└─ 具体的な〈場所〉を答える

•……● 「あなたは毎年どこへ行きますか。」
→ Where do you go every year?
「どこへ」〈do＋主語＋一般動詞〉

•……● 「私は東京へ行きます。」
→ I go to Tokyo .
└─ 具体的な〈場所〉を答える

near は「〜の近くに」，
to は「〜へ」を表すよ！

•……● 「…はどこにありますか。」
→〈Where is＋主語？〉

•……● 「…はどこで〜しますか。」
→〈Where do＋主語＋一般動詞 〜？〉

「どこで〜しますか」は
do を使うよ！

•……● 「…はどこで〜しますか。」
→〈Where do＋主語＋一般動詞 〜？〉

•……● 「…はどこにありますか。」
→〈Where is＋主語？〉

19 命令文

次の日本文に合うように，（　）内から選びましょう。

❶ このペンを使いなさい。

（ Use / You use / Be) this pen.

❷ 静かにしなさい。

（ Do / Be / You are) quiet.

❸ 私を助けてください。

（ Please help / You help / Be help) me.

次の日本文に合うように，（　）に適する語を書きましょう。

❶ 英語を勉強しなさい。

（S　　　　　） English.

❷ ここで走ってはいけません。

（D　　　　　）（r　　　　　） here.

次の英文を下の日本語に合うように書きかえましょう。

❶ You eat breakfast.

朝食を食べなさい。

_____ _____.

❷ You bring your cup.

あなたのカップを持ってきてください。

P_____ _____ _____ _____.

❸ We go to the library.

図書館へ行きましょう。

L____ g____ to the library.

わからないときはココを見よう

「あなたはこのペンを使います。」
You use this pen.
↓
Use this pen.
└── 動詞で文を始める
「このペンを使いなさい。」

「あなたは静かです。」
You are quiet.
↓
Be quiet.「静かにしなさい。」
└── be 動詞は be にする

「〜してください。」
→〈Please＋動詞 〜 .〉

ていねいな表現だね。

「〜を勉強する」は study です。

「〜してはいけません。」
→〈Don't＋動詞 〜 .〉

「〜を食べる」は eat です。

命令文では主語を
使わないよ！

「〜してください。」
→〈Please ＋動詞 〜 .〉
「〜を持ってくる」は bring です。

「〜しましょう。」
→〈Let's ＋動詞 〜 .〉

20 感嘆文

次の日本文に合うように,（　　）内から選びましょう。

❶ なんて美しいんだ！

（ How / What ）beautiful!

❷ なんてかわいいネコなんだ！

（ How / What ）a cute cat!

❸ 彼はなんて背が高いんだ！

（ How / What ）tall he is!

次の日本文に合うように,（　　）に適する語を書きましょう。

❶ なんておもしろい本なんだ！

（　　　　　　　　）an interesting book!

❷ あなたの髪はなんて長いんだ！

（　　　　　　）long your hair（　　　　）!

次の日本文に合うように,（　　）内の語（句）を並べかえましょう。

❶ あなたの部屋はなんてきれいなんだ！

(your room / clean / how / is)!

How _____ !

❷ 彼はなんて声が大きい男なんだ！
　　　　　　　　loud

(he / man / a loud / what / is)!

_____ !

わからないときはココを見よう

形容詞を強調する場合。
How **beautiful** !
　〈形容詞〉

名詞を強調する場合。
What **a cute cat** !
　　　〈名詞〉

tall「背が高い」は形容詞です。
How tall **he is** !
〈How＋形容詞〉〈主語＋動詞〉

形容詞には How を,
名詞には What
を使うよ！

an interesting book「おもしろい
本」は〈（形容詞＋）名詞〉です。
〈What＋名詞 ! 〉

long「長い」は形容詞です。
How long **your hair is** !
〈How＋形容詞〉〈主語＋動詞〉

clean「きれいな」は形容詞です。
〈How＋形容詞＋主語＋動詞 ! 〉

a loud man「声が大きい男」は
〈（形容詞＋）名詞〉です。
〈What＋名詞＋主語＋動詞 ! 〉

なんて〜なんだ！

21 名詞の単数形・複数形①

解答▶別冊 p.7

( ) 内から正しいものを選びましょう。

① りんご　　（ a / an ）apple

② 本　　　　（ a / an ）book

③ たまご　　（ a / an ）egg

次の英文の（ ）内の語を正しい形に書きかえましょう。変える必要がないものはそのまま書くこと。

① I need two (pencil).
私は2本のえんぴつを必要としています。
_____

② I have five (hat).
私は5つのぼうしを持っています。
_____

③ I like (math).
私は数学が好きです。
_____

次の英文を下の日本語に合うように書きかえましょう。

① I have a cat.
私は2匹のネコを飼っています。
I have _____ .

② I need a pen.
私は3本のペンを必要としています。
I need _____ .

③ I want an orange.
私は4つのオレンジがほしいです。
_____ .

わからないときはココを見よう

単数（ひとつのもの）を表す場合。
〈an+母音から始まる，数えられる名詞〉
日本語の「ア・イ・ウ・エ・オ」に近い音

〈a+子音から始まる，数えられる名詞〉
母音以外の音

egg は母音で始まるね！

複数（2つ以上のもの）を表す場合，語尾に s をつけるものが多いです。
a　pencil　（1本のえんぴつ）
↓
two pencils　（2本のえんぴつ）

数えられない名詞は，前に a [an] をつけたり，複数形にしたりしません。

単数形か複数形か，気をつけよう！

a　cat　（1匹のネコ）
↓
two cats　（2匹のネコ）

a　pen　（1本のペン）
↓
three …　（3本のペン）

an　orange　（1つのオレンジ）
↓
four …　（4つのオレンジ）

22 名詞の単数形・複数形②

次の名詞を複数形で表すとき,（　）内から正しいものを選びましょう。

① 腕時計 　　　　（ watchs / watches ）

② じゃがいも 　　（ potatos / potatoes ）

③ 国 　　　　　　（ countries / countrys ）

次の英文の（　）内の語を正しい形に書きかえましょう。変える必要がないものはそのまま書くこと。

① I drink (water).
私は水を飲みます。

water

② I eat three (peach).
私は3つのモモを食べます。

peach

③ I have two (box).
私は2つの箱を持っています。

box

次の英文を下の日本語に合うように書きかえましょう。

① I want a cherry.

私は10個のサクランボがほしいです。

I want _____ _____.

② I see a bus.

私は3台のバスが見えます。

_____ _____ _____ _____ .

③ You need a sandwich.

あなたは5つのサンドイッチを必要としています。

_____ _____ _____ _____ .

わからないときはココを見よう

単数形 複数形
watch watches

語尾が o, x, s, ch, sh の場合は es をつけます。

単数形 複数形
country countries
語尾が〈子音字＋y〉の場合は,
y を i にして, es をつけます。

子音字は, 母音字
(a, i, u, e, o)
以外の文字だよ！

water は数えられない名詞です。
複数形の s はつきません。

語尾が o, x, s, ch, sh の場合は es をつけます。

（1個のサクランボ）
a cherry
↓ ↓
ten cherries
（10個のサクランボ）

a bus （1台のバス）
↓ ↓
three … （3台のバス）

（1つのサンドイッチ）
a sandwich
↓ ↓
five …
（5つのサンドイッチ）

23 名詞の単数形・複数形③

次の名詞を複数形で表すとき，（　　）内から正しいものを選びましょう。

❶ 葉　　　　（ leafs / leaves ）

❷ かさ　　　（ umbrellas / umbrellaes ）

❸ 女性　　　（ womans / women ）

次の英文の（　　）内の語を正しい形に書きかえましょう。変える必要がないものはそのまま書くこと。

❶ I use two (knife).

私は2本のナイフを使います。

❷ I study (English).

私は英語を勉強します。

❸ I eat three (tomato).

私は3つのトマトを食べます。

次の英文を下の日本語に合うように書きかえましょう。

❶ You have a child.

あなたは3人の子どもがいます。

You have ＿＿＿＿＿＿ ＿＿＿＿＿＿ .

❷ I need a lemon.

私は5つのレモンを必要としています。

＿＿＿ ＿＿＿ ＿＿＿ ＿＿＿ .

❸ We have a library in this city.

この市には2軒の図書館があります。

＿＿＿ ＿＿＿ ＿＿＿

in this city.

わからないときはココを見よう

単数形	複数形
leaf	lea**ves**

語尾が f, fe の場合は
f, fe を v にして，es をつけます。

不規則に変化する名詞もあります。

単数形	複数形
woman	wom**en**

不規則な変化は単語によって異なるので覚えよう！

語尾が f, fe の場合は
f, fe を v にして，es をつけます。

English は数えられない名詞です。

語尾が o, x, s, ch, sh の場合は
es をつけます。

前のページで習ったこともまざっているよ！

child は不規則に変化する名詞です。

単数形	複数形
child	child**ren**

a　lemon　（1つのレモン）
↓　　↓
five　…　（5つのレモン）

a　library　（1軒の図書館）
↓　　↓
two　…　（2軒の図書館）

24 How many / much 〜 ?

次の日本文に合うように，（　　）内から選びましょう。

❶ あなたは何人の友達がいますか。

How (many / much) friends do you have?

❷ あなたはどれくらい牛乳が必要ですか。

How (many / much) milk do you need?

次の日本文に合うように，（　　）に適する語を書きましょう。

❶ この本はいくらですか。

How (m　　　　) (i　　　　) this book?

❷ あなたは何本のペンがほしいですか。

(　　　　　　) (　　　　　　) (　　　　　　) do you

want?

次の日本文の英語訳を書きましょう。

❶ このノートはいくらですか。

＿＿＿＿＿ ＿＿＿＿＿ ＿＿＿＿＿ ＿＿＿＿＿

notebook?

❷ （❶に答えて）それは 200 円です。

＿＿＿＿＿ 200 yen.

❸ あなたはかばんの中に何冊の本を持っていますか。

＿＿＿＿＿ ＿＿＿＿＿ books do ＿＿＿＿＿

＿＿＿＿＿ in ＿＿＿＿＿ ＿＿＿＿＿ ?

❹ （❸に答えて）私は，私のかばんの中に 4 冊の本を持っ
ています。

＿＿＿＿＿ ＿＿＿＿＿ four ＿＿＿＿＿ in my bag.

わからないときはココを見よう

「あなたは何人の友達がいますか。」

〈How many＋名詞の複数形〉

How many friends do you have?

〈do＋主語＋一般動詞〉

「あなたはどれくらい牛乳が必要ですか。」

〈How much＋数えられない名詞〉

How much milk do you need?

〈do＋主語＋一般動詞〉

> 数えられる名詞には
> many，数えられない
> 名詞には much を
> 使うんだ！

「この本はいくらですか。」

How much is this book?

「いくら」　〈be 動詞＋主語〉

pen は数えられる名詞なので，
many を使います。

> 複数形の pens にしてね。

「〜はいくらですか。」

→ How much is 〜 ?

「それは〜円です。」

→ It's 〜 yen.

「何冊の[いくつの]〜」

→ 〈How many＋名詞の複数形 〜?〉

「持っていますか」は do you have?
で表します。

「私は〜を持っています。」

→ I have 〜 .

---

25 What time 〜 ?

学習日

月　　日

解答▶別冊 p.8

次の日本文に合うように，（　　）内から選びましょう。

❶ 今，何時ですか。

What (time / day) is it now?

❷ （❶に答えて）4 時 30 分です。

(It's / I'm) four thirty.

❸ あなたは何時に夕食を食べますか。

What time (you eat / do you eat) dinner?

❹ （❸に答えて）私は 6 時に夕食を食べます。

I eat dinner (six / at six).

次の日本文に合うように，（　　）内の語を並べかえましょう。

❶ あなたは何時にお風呂に入りますか。

What (time / you / take / do) a bath?

What time _____ a bath?

❷ （❶に答えて）私は 9 時にお風呂に入ります。

(bath / I / at / a / take) nine.

I _____ nine.

次の日本文の英語訳を書きましょう。

❶ あなたは何時に起きますか。

get _____ ?

❷ あなたは何時に寝ますか。

go _____ ?

わからないときはココを見よう

時刻を表す文の主語
は it を使う

What time is it ?「何時ですか。」
「何時」

— It is four thirty .
It's └〈時刻〉を答える
「4 時 30 分です。」

「何時に〜を食べますか。」
What time do you eat 〜 ?
「何時」〈do＋主語＋一般動詞 〜〉

— I eat 〜 at six .
└〈時刻〉を答える
「私は 6 時に〜を食べます。」

「〜時に」は，
〈at＋時刻〉で表すよ！

「あなたは何時に〜しますか。」
→ What time do you 〜 ?
「何時」〈do＋主語＋一般動詞 〜〉

「お風呂に入る」は take a bath で
す。

「起きる」は get up です。

「寝る」は go to bed です。

26 What ＋名詞

次の日本文に合うように，（　）内から選びましょう。

❶ あなたは何色が好きですか。

（ How color / What color ）do you like?

❷ （❶に答えて）私は青色が好きです。

I (like blue / don't like blue).

❸ あなたは何の教科が得意ですか。

(What / What subject) are you good at?

❹ （❸に答えて）私は理科が得意です。

I'm good at (science / baseball).

次の日本文に合うように，（　）内の語を並べかえましょう。

❶ あなたは何の車がほしいですか。

(do / car / you / what / want)?

What _____ ?

❷ あなたは何の果物が好きですか。
　　　　　　　fruit

(fruit / you / what / like / do)?

_____ ?

次の日本文の英語訳を書きましょう。

❶ これは何という食べ物ですか。
　　　　　　　food

_____ _____ _____ this?

❷ あなたは何のスポーツをしますか。

_____ _____ _____ _____ play?

わからないときはココを見よう

「あなたは何色が好きですか。」

What color do you like?
〈what＋名詞〉〈do＋主語＋一般動詞〉

「私は青色が好きです。」

— I like blue .
〈名詞〉について
具体的に答える

「あなたは何の教科が得意ですか。」

→ What subject are you good at?
〈what＋名詞〉〈be動詞＋主語〉

「私は理科が得意です。」

→ I'm good at science .
〈名詞〉について
具体的に答える

〈what＋名詞〉のあとには，
一般動詞やbe動詞の疑問
文が続くよ！

what「何の」＋car「車」
＝ what car「何の車」

what「何の」＋fruit「果物」
＝ what fruit「何の果物」

「食べ物」は food です。
what「何の」＋food「食べ物」
＝ what food「何の食べ物」

「スポーツ」は sport です。
what「何の」＋sport「スポーツ」
＝ what sport「何のスポーツ」

27 形容詞の使い方

次の日本文に合うように，（　　）内から選びましょう。

❶ この花は美しいです。

This flower (is beautiful / beautiful).

❷ これは小さなかばんです。

This is a (bag small / small bag).

❸ あなたは親切です。

You (kind are / are kind).

次の日本文に合うように，（　　）に適する語を書きましょう。

❶ あなたは大きいボールを持っています。

You have a (b　　　) (b　　　).

❷ このリンゴはおいしいです。

This apple (i　　　) (d　　　).

次の英文を下の日本語に合うように書きかえましょう。

❶ She is tall.

彼女は背が高い女の子です。

＿＿＿＿＿ ＿＿＿ a ＿＿＿＿ ＿＿＿＿.

❷ This book is interesting.

これはおもしろい本です。

＿＿＿＿＿ ＿＿＿ ＿＿＿＿＿

＿＿＿＿＿ book.

わからないときはココを見よう

形容詞は〈状態〉〈性質〉〈感情〉を表すよ！

「この花は美しいです。」
〈主語〉　　〈形容詞〉
This flower is beautiful.
→〈主語〉＝〈形容詞〉の関係

「これは小さなかばんです。」
　　　　〈形容詞〉〈名詞〉
This is a small bag .
→〈形容詞〉が〈名詞〉を説明する関係

「あなた」＝「親切」の関係です。
〈主語〉　　〈形容詞〉

「大きい」が「ボール」を説明します。
big ball

「このリンゴ」＝「おいしい」の関係です。
This apple is delicious.

She is tall.
「 彼女 は背が高いです。」

She is a tall girl .
「彼女は背が高い 女の子 です。」

This book is interesting.
「 この本 はおもしろいです。」

This is an interesting book .
「これはおもしろい 本 です。」

28 一般動詞＋形容詞

次の日本文に合うように，（　）内から選びましょう。

❶ あなたは幸せそうに見えます。

You (look / watch) happy.

❷ 私は悲しく感じます。

I (look / feel) sad.

❸ 早く元気になってね。

(Get / Feel) well soon.

次の日本文に合うように，（　）内の語を並べかえましょう。

❶ 彼らは元気に見えません。

(fine / don't / they / look).

They _____.

❷ 今日，私はどのように見えますか。

(I / look / how / do) today?

_____ today?

❸ （❷に答えて）今日，あなたは疲れて見えます。

(tired / look / you) today.

_____ today.

次の日本文の英語訳を書きましょう。

❶ あなたはどのように感じますか。

_____ _____ _____ feel ?

❷ あなたは元気に見えます。

_____ _____ fine .

わからないときはココを見よう

●……● 「〜に見える」→〈look＋形容詞〉
「あなたは幸せそうに見えます。」
You look happy.
　〈look＋形容詞〉

●……● 「〜に感じる」→〈feel＋形容詞〉
「私は悲しく感じます。」
I feel sad.
　〈feel＋形容詞〉

●……● 「〜になる」→〈get＋形容詞〉

Get well soon. は
「おだいじに。」と
いう表現だよ。

●……● 「〜に見えない」
→〈don't look＋形容詞〉

●……● 「〜はどのように見えますか。」
→ How do 〜 look?

主語が「私は」だから，
I を使おう！

●……● 「〜に見える」→〈look＋形容詞〉

●……● 「〜はどのように感じますか。」
→ How do 〜 feel?

●……● 「〜に見える」→〈look＋形容詞〉

---

29 頻度の副詞

次の日本文に合うように，（　）内から選びましょう。

❶ 私はたいてい月曜日に野球をします。

I (usually / often) play baseball on Mondays.

❷ あなたはときどき英語を話します。

You (always / sometimes) speak English.

❸ 私はいつも 7 時に起きます。

I (often / always) get up at seven.

次の日本文に合うように，（　）に適する語を書きましょう。

❶ 彼らはいつも 9 時に寝ます。

They (a　　　　　　)(g　　　　　) to bed at nine.

❷ あなたはよくピザを食べますか。

Do you (o　　　　　)(e　　　　) pizza?

❸ 私はときどきマンガを読みます。

I (s　　　　　　)(　　　　　) comic books.

次の英文を下の日本語に合うように書きかえましょう。

❶ I usually drink coffee.

私はときどきコーヒーを飲みます。

I _____ _____ _____ .

❷ I often drive a car.

あなたはよく車を運転しますか。

_____ _____ _____ _____

_____ ?

わからないときはココを見よう

一般動詞の前に置く
〈主語〉 I usually play 〜.
〈一般動詞〉

always	いつも	↑	頻度高
usually	たいてい		
often	よく		
sometimes	ときどき	↓	頻度低

表で意味を
確認してね！

「いつも」は always です。
「寝る」は go to bed です。

「よく」は often です。
「〜を食べる」は eat です。

「ときどき」を表す副詞は
sometimes です。
「〜を読む」は read です。

usually だけ書きかえます。

「ときどき」を表す
副詞は…

一般動詞の疑問文に書きかえます。
「あなたは〜しますか。」
→ Do you 〜 ?

30 そのほかの副詞

次の日本文に合うように,（　）内から選びましょう。

❶ あなたはピアノを上手に演奏します。

You play the piano (well / much).

❷ 私は速く走ります。

I run (early / fast).

次の日本文に合うように,（　）に適する語を書きましょう。

❶ 私はリンゴがとても好きです。

I like apples（v　　　　　）（m　　　　　）.

❷ あなたはとても上手に泳ぎます。

You swim（v　　　　）（w　　　　）.

❸ 私も音楽が好きです。

I like music,（t　　　　　）.

次の英文を下の日本語に合うように書きかえましょう。

❶ I like tomatoes.

私はトマトがとても好きです。

I ＿＿＿＿＿＿ ＿＿＿＿＿＿＿

＿＿＿＿＿＿ ＿＿＿＿＿＿.

❷ Do you speak English?

あなたは上手に英語を話しますか。

Do ＿＿＿＿＿＿ ＿＿＿＿＿＿ ＿＿＿＿＿＿ ＿＿＿＿＿？

わからないときはココを見よう

well は「上手に」,
much は「おおいに」です。

early は「(時期が)早く」,
fast は「(速度が)速く」です。

「私は〜がとても好きです。」
→ I like 〜 very much.

「とても上手に」は very well です。

「〜も」は,文の最後に〈, too〉を
置いて表します。
I like music, too.

> too の前にはカンマ
> を置くよ。

「私は〜がとても好きです。」
→ I like 〜 very much.

「上手に」は,文の最後に well を置
いて表します。

31 〈場所〉を表す前置詞

次の日本文に合うように，（　　）内から選びましょう。

❶ あなたのぼうしはこの箱の中にあります。

Your cap is (in / to) this box.

❷ 私は駅の近くに住んでいます。

I live (on / near) the station.

次の日本文に合うように，（　　）に適する語を□内から選んで書きましょう。

❶ あなたはロンドン出身ですか。

Are you（　　　　　　）London?

❷ 私のノートは机の上にあります。

My notebook is（　　　　）the desk.

❸ 私のネコはベッドの下にいません。

My cat isn't（　　　　　　）the bed.

> under　　from　　on

次の英文の日本語訳を書きましょう。

❶ Do you often go to the park?

（あなたはよく公園　　　　　　　　　　　　　）。

❷ Let's eat lunch at that restaurant.

（あのレストラン　　　　　　　　　　　　　　）。

わからないときはココを見よう

in「〜の中に［で］」

near「〜の近くに［で］」

from「〜出身の」,「〜から」

on「〜の上に［で］」

under「〜の下に［で］」

to「(場所) へ［に］」

at「(場所) で［に］」

32 〈時〉を表す前置詞

次の日本文に合うように,（　）に適する語を書きましょう。

❶ 私は水曜日にテニスを練習します。

I practice tennis（　　　　　）Wednesdays.

❷ あなたは夏にハイキングを楽しみますか。

Do you enjoy hiking（　　　　　）summer?

次の日本文に合うように,（　）に適する語を　内から選んで書きましょう。

❶ 私はたいてい 7 時に起きます。

I usually get up（　　　　　）7:00.

❷ 夕食後に入浴しなさい。

Take a bath（　　　　　）dinner.

❸ 授業の前にこの本を読みましょう。

Let's read this book（　　　　　）class.

| at　　　after　　　before |

次の英文の日本語訳を書きましょう。

❶ I study math for an hour every day.

（私は毎日　　　　　　　　　　　　　　）。

❷ We enjoy fishing in July.

（私たちは　　　　　　　　　　　　　　）。

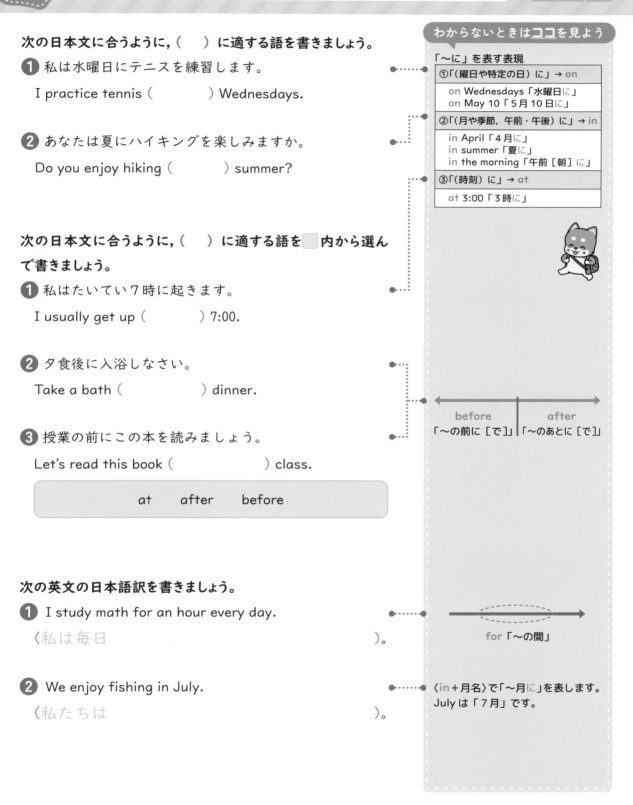

わからないときは**ココ**を見よう

「〜に」を表す表現

①「（曜日や特定の日）に」→ on

on Wednesdays「水曜日に」
on May 10「5 月 10 日に」

②「（月や季節, 午前・午後）に」→ in

in April「4 月に」
in summer「夏に」
in the morning「午前［朝］に」

③「（時刻）に」→ at

at 3:00「3 時に」

before　　　　after
「〜の前に［で］」「〜のあとに［で］」

for「〜の間」

〈in＋月名〉で「〜月に」を表します。
July は「7 月」です。

33 そのほかの前置詞

次の日本文に合うように,（　）に適する語を書きましょう。

❶ 私は科学についての本を持っています。

I have a book（a　　　　　）science.

❷ あれは彼のためのかばんです。

That is a bag（　　　　　）him.

❸ ケイタはよくテレビでサッカーの試合を見ます。

Keita often watches a soccer game（　　　　　）TV.

次の日本文に合うように,（　）内から選びましょう。

❶ これはネコの絵です。

This is a picture（ in / of ）a cat.

❷ あなたのイヌはクマのようです。

Your dog is（ like / for ）a bear.

❸ 私はよくエイミーと一緒に図書館に行きます。

I often go to the library（ with / to ）Amy.

次の日本文に合うように,（　）内の語（句）を並べかえましょう。

❶ あなたは自転車で学校に来ますか。

(bike / school / do / come to / by / you)?

Do you _____?

❷ 私の宿題を手伝ってください。

(homework / please / help / me / my / with).

Please _____.

わからないときはココを見よう

a book about science
「本」←――――「科学についての」

a bag for him
「かばん」←―「彼のための」

「テレビで」は on TV です。

前置詞の意味を，
1つ1つ覚えよう！

a picture of a cat
「絵」←――「ネコの」

「～のような」は like ～ です。
「～が好きだ」を表す like と
区別しましょう。

「～と一緒に」は with ～ です。

「（交通手段）で」は by ～ です。
「学校に来る」は come to school
です。

「～の…を手伝う」は help ～ with
… です。

34 三人称単数現在形①

次の一般動詞を，三人称単数が主語で現在の文のときの形に書きかえましょう。

1 play 「(スポーツなど) をする」　play

2 like 「〜が好きだ」　like

3 make 「〜を作る」

4 cook 「〜を料理する」

わからないときはココを見よう

主語が三人称単数で現在の文のとき，一般動詞の語尾に s をつけます。

自分と相手以外で，1人の人・1つのものを三人称単数というよ。

次の日本文に合うように，(　　) に適する語を書きましょう。

1 トムはバスで学校に来ます。

Tom (come　　　　) to school by bus.

主語が三人称単数

Tom comes 〜
　　└→ 動詞に s をつける

2 あの鳥は魚を食べます。

That bird (eat　　　) fish.

主語が三人称単数

That bird eats 〜
　　　　└→ 動詞に s をつける

3 弟は野球を練習します。

My brother (　　　　　　　) baseball.

主語が三人称単数

My brother practices 〜
　　　　　　└→ 動詞に s をつける

次の英文を，(　　) 内の指示に合うように書きかえましょう。

1 I use this cup.

（下線部を「私の父」に変えて）

My f　　　　　 use　　　　　　　　.

私の父はこのカップを使います。

主語が I から三人称単数の My father になる。
→ 一般動詞 use に s をつけます。
I　　　 use 〜
　└→ I → 三人称単数に
My father uses 〜

2 Those boys run fast.

（下線部を「あの男の子」に変えて）
that boy

That　　　　　　　　　　　　　.

あの男の子は速く走ります。

主語が Those boys (複数) から三人称単数の That boy になる。
→ 一般動詞 run に s をつけます。
Those boys run 〜
　└→ 複数 → 三人称単数に
That boy　 runs 〜

35 三人称単数現在形②

次の一般動詞を，三人称単数が主語で現在の文のときの形に書きかえましょう。

1 wash　「〜を洗う」　　　wash _____

2 study　「〜を勉強する」　stud _____

3 go　「行く」　　　　　　go _____

4 have　「〜を持っている」　_____

次の日本文に合うように，（　）に適する語を▢内から選び，適切な形に変えて書きましょう。

1 妹は夕食後，テレビを見ます。

　My sister（ 　　　　　　　 ）TV after dinner.

2 母はよく新しい料理を試します。

　My mother often（ 　　　　 ）new food.

3 ケイトは新しいかばんを持っています。

　Kate（ 　　　 ）a new bag.

> try　　have　　watch

次の日本文の英語訳を書きましょう。

1 サトウ先生（Mr. Sato）は英語を教えます。

　Mr. Sato _____ _____ .

2 私たちの町には動物園があります。
　　　our town　　　a zoo

　Our _____ _____ a _____ .

わからないときはココを見よう

主語が三人称単数で現在の文のとき，一般動詞の語尾に es をつける場合があります。

study は最後の y を i にして，es をつけます。
study → studies

have は has と形が変わります。

主語の My sister は三人称単数です。watch「〜を見る」に es をつけます。
「テレビを見る」は watch TV です。

主語の My mother は三人称単数です。try「〜を試す」は y を i にして，es をつけます。

主語の Kate は三人称単数です。have「〜を持っている」は has にします。

s だけをつける動詞が多いので，es をつける動詞を覚えるといいよ。

「教える」は teach で，主語が三人称単数のとき，es をつけます。
Mr. Sato teaches 〜
　三人称
　単数

「…に〜がある」は，「…」を主語にして have を使って表せます。
Our town has 〜
　三人称
　単数

36 He / She does not 〜.

次の日本文に合うように，（　）内から選びましょう。

❶ 彼は日本語を話しません。

He (do / does) not (speak / speaks) Japanese.

❷ 私の父は野球が好きではありません。

My father (don't / doesn't) (like / likes) baseball.

次の日本文に合うように，（　）に適する語を▢内から選んで書きましょう。

❶ 私の兄はテレビを見ません。

My brother (　　　　　　　　) watch TV.

❷ 彼はバスケットボールをしません。

He doesn't (　　　　　　　) basketball.

| don't　　doesn't　　play　　plays |

次の英文を否定文に書きかえましょう。

❶ Ms. Brown teaches music.

Ms. ＿＿＿＿ ＿＿＿＿ ＿＿＿＿ ＿＿＿＿

＿＿＿＿ .

ブラウン先生は音楽を教えません。

❷ Yumi sings English songs.

Yumi ＿＿＿＿＿ ＿＿＿＿

＿＿＿＿＿ ＿＿＿＿ .

ユミは英語の歌を歌いません。

わからないときはココを見よう

主語が三人称単数で，現在の一般動詞の否定文
→〈主語＋does not＋動詞の原形（s，es がつかない形）〜 .〉
He does not ▢speak 〜
〈主語〉　　　〈動詞の原形〉

does not は doesn't と短縮できます。
My father doesn't ▢like 〜
〈主語〉　 does not 〈動詞の原形〉

doesn't のあとの動詞を原形にすることを忘れないでね！

主語の My brother は三人称単数なので，doesn't を使って否定文を作ります。

doesn't のあとの動詞は原形にします。
He doesn't ▢play 〜
　　　　　〈動詞の原形〉

〈主語＋does not＋動詞の原形 〜 .〉の形にします。
teaches は原形の teach にします。

＿＿の数から，does not の短縮形doesn't を使います。
sings は原形の sing にします。

37 Does he / she 〜 ?

次の日本文に合うように，（　）に適する語を書きましょう。

❶ あなたのお姉さんはテニスをしますか。

（D　　　　　） your sister （play） tennis?

❷ （❶に答えて）はい，します。

Yes, （s　　　）（d　　　　）.

❸ （❶に答えて）いいえ，しません。

No, （s　　　）（d　　　　）（n　　　　）.

わからないときはココを見よう

主語が三人称単数で，現在の一般動詞の疑問文
→〈Does＋主語＋動詞の原形（s, es がつかない形）〜？〉

Does 〜 ? には does を使って答えます。
Does 〜 ? — Yes, 〜 does.

Does 〜 ? に No と答える場合，does not[doesn't] を使います。

答えの文の主語は，疑問文の主語をさす代名詞にしよう！

次の日本文に合うように，（　）に適する語を◻内から選んで書きましょう。

❶ 彼には兄弟がいますか。

Does he （　　　　　） any brothers?

❷ （❶に答えて）はい，います。／いいえ，いません。

Yes, he （　　　　　）. / No, he （　　　　　）.

```
have    doesn't    does    has
```

Does he have 〜 ?
〈主語〉└〈動詞の原形〉

Does 〜 ? には does を使って答えます。doesn't は does not の短縮形です。

次の日本文の英語訳を書きましょう。

❶ 彼は毎日数学を勉強しますか。

_____ he _____ m_____
every _____ ?

❷ （❶に答えて）はい，します。／いいえ，しません。

Yes, _____ _____.
/ No, _____ _____.

主語が三人称単数で，現在の一般動詞の疑問文は，〈Does＋主語＋動詞の原形 〜？〉です。
Does he study 〜 ?
〈主語〉└〈動詞の原形〉

Does 〜 ? には does を使って答えます。
Does 〜 ? — Yes, 〜 does.
　　　　　 / No, 〜 doesn't.

38 人称代名詞の所有格

次の日本文に合うように，(　　)内から選びましょう。

❶ これは彼女のかばんではありません。

This isn't (she / her) bag.

❷ あなたは彼らの弟を知っていますか。

Do you know (they / their) brother?

❸ あれが私たちの家です。

That is (my / our) house.

次の英文の日本語訳を書きましょう。

❶ I like his songs.

私は（彼　　　　）歌が好きです。

❷ Please use my pen.

（　　　　　　　　）ペンを使ってください。

❸ Is this your sister's bag?

これはあなたの（　　　　　　　　　　）かばんですか。

次の英文の下線部を正しい形に直して英文を書きかえましょう。

❶ Is that <u>you</u> dog?

Is that ＿＿＿＿＿＿＿＿＿＿ ?

あれはあなた（たち）のイヌですか。

❷ Those are not <u>they</u> books.

Those ＿＿＿＿ ＿＿＿＿ ＿＿＿＿ ＿＿＿＿ .

あれらは彼ら［彼女たち］の本ではありません。

わからないときはココを見よう

「彼女の」は her です。
her「彼女の」＋bag「かばん」
→ her bag「彼女のかばん」

「彼らの」は their です。
their「彼らの」＋brother「弟」
→ their brother「彼らの弟」

「私たちの」は our です。
our「私たちの」＋house「家」
→ our house「私たちの家」

his は「彼の」という意味です。

my は「私の」という意味です。

「(名詞)の」は〈名詞＋'s〉で表します。

「～の」を表す代名詞は，名詞の前に置いて使うよ。

うしろに名詞 dog「イヌ」があるので，「あなた（たち）の」を表す形にします。

うしろに名詞 books「本」があるので，「彼ら［彼女たち］の」を表す形にします。

39 人称代名詞の目的格

次の日本文に合うように，（ ）に適する語を書きましょう。

❶ 私は彼と学校に行きます。

I go to school with（h   ）.

❷ 私たちを手伝ってください。

Please help（   ）.

次の日本文に合うように，（ ）に適する語を□内から選んで書きましょう。

❶ 私はあなたたちを知りません。

I don't know（   ）.

❷ あなたはそれが好きですか。

Do you like（   ）?

❸ 私を見なさい。

Look at（   ）.

> you   me   it

次の英文の下線部を代名詞の目的格に直して英文を書きかえましょう。

❶ Let's visit <u>Ms. Smith</u>.

Let's ＿＿＿＿＿＿ ＿＿＿＿＿.

彼女を訪ねましょう。

❷ I walk with <u>my dogs</u> on Sundays.

I walk ＿＿＿＿＿ ＿＿＿＿＿ ＿＿＿＿＿

＿＿＿＿＿＿.

私は日曜日に彼らと散歩します。

わからないときはココを見よう

前置詞 with のあとなので，代名詞は目的格（「〜を［に］」の形）にします。
「彼を［に］」＝him

動詞 help のあとなので，代名詞は目的格にします。
「私たちを［に］」＝us

> 目的格は，一般動詞か前置詞の後ろで使うんだね。

動詞 know のあとなので，目的格の代名詞を入れます。
「あなたたちを［に］」＝you

動詞 like のあとなので，目的格の代名詞を入れます。
「それを［に］」＝it

前置詞 at のあとなので，目的格の代名詞を入れます。
「私を［に］」＝me

Ms. Smith「スミスさん」は女性なので，代名詞は「彼女」です。また，動詞 visit のあとなので，目的格の her にします。

my dogs「私のイヌ」は複数形なので，代名詞は「彼ら」です。また，前置詞 with のあとなので，目的格の them にします。

40 Whose 〜 ?

次の代名詞を「〜のもの」を表す形に書きかえましょう。

① we 「私たちは」　＿＿＿＿＿＿＿＿＿

② they 「彼ら［彼女たち，それら］は」　＿＿＿＿＿＿＿＿＿

③ he 「彼は」　＿＿＿＿＿＿＿＿＿

④ she 「彼女は」　＿＿＿＿＿＿＿＿＿

⑤ you 「あなた（たち）は」　＿＿＿＿＿＿＿＿＿

次の日本文に合うように，（　　）に適する語を▢内から選んで書きましょう。

① これはだれのラケットですか。

（　　　　　　　　）racket is this?

② （①に答えて）私のものです。

It's（　　　　　　）.

③ あの辞書はだれのものですか。

（　　　　　　　　）is that dictionary?

④ （③に答えて）シンジのものです。

It's（　　　　　　）.

| mine　　Whose　　Whose　　Shinji's |

次の日本文に合うように，（　　）内の語（句）を並べかえましょう。

これはだれのネコですか。

(is / whose cat / this)?

Whose ＿＿＿＿＿＿＿＿＿＿ this?

わからないときはココを見よう

「〜のもの」を表す形は，代名詞によって異なります。ほかの形と一緒に，表などにまとめて覚えましょう。

「〜のもの」を表す単語

mine	私のもの
yours	あなた（たち）のもの
his	彼のもの
hers	彼女のもの
ours	私たちのもの
theirs	彼ら［彼女たち，それら］のもの

「だれの〜」→〈whose＋名詞〉

「私のもの」＝ mine

whose は1語で，「だれのもの」という意味でも使われます。

〈whose＋名詞〉を1つのかたまりと考え，そのあとに疑問文の語順を続けるよ。

「（人名）のもの」は〈人名＋'s〉です。

〈whose＋名詞〉のあとに be 動詞の疑問文の語順を続けます。

Whose cat is this?

〈whose＋名詞〉〈be 動詞＋主語〉

41 Which 〜 ?

次の日本文に合うように，(　) に適する語を書きましょう。

❶ どちらの自転車がトムのものですか。

－ あの黒いものです。

（W　　　　　） bike is Tom's?

－ That black one is.

❷ あなたは英語とフランス語のどちらを話しますか。

－ 私は英語を話します。

（W　　　　　） do you speak, English（　　　）

French?

－ I speak English.

次の英文の日本語訳を書きましょう。

❶ Which desk is mine?

（どちら　　　　　　　　　　　　　　） が私のものですか。

❷ Which sport does he play, soccer or tennis?

彼はサッカーとテニスの（　　　　　　　　　　　　　）

をしますか。

次の日本文に合うように，(　) 内の語を並べかえましょう。

❶ どちらの本が彼女のものですか。

(is / which / book) hers?

Which _____ hers?

❷ あなたはどちらのコンピュータを使いますか。

(use / do / which / you / computer)?

_____ use ?

わからないときはココを見よう

「どちらの〜」→〈which＋名詞〉
答えの文の one は，たずねる文の
bike を表しています。

〈which＋名詞〉を
１つのかたまりと考え，
そのあとに疑問文の
語順を続けるよ。

「A と B ではどちらが〜ですか。」
→〈Which 〜, A or B?〉
which は１語で，「どちら」という
意味でも使われます。

〈which＋名詞〉→「どちらの〜」
desk は「机」です。

〈A or B〉は「A または B」です。

〈which＋名詞〉が主語なので，
そのあとに be 動詞を続けます。
Which book is hers?
〈which＋名詞〉〈be 動詞〉

〈which＋名詞〉のあとに一般動詞
の疑問文の語順を続けます。
Which computer do you use?
〈which＋名詞〉〈do＋主語＋
動詞の原形〉

42 現在進行形①

次の一般動詞を ing 形に書きかえましょう。

❶ study 「～を勉強する」　　study

❷ make 「～を作る」　　mak

❸ come 「来る」　　com

❹ swim 「泳ぐ」　　swim

次の日本文に合うように，（　）に適する語を書きましょう。

❶ 私はケンの家に行くところです。

I （am）（go　　　） to Ken's house.

❷ ケイトは写真をとっているところです。

Kate （i　　）（tak　　　　） pictures.

❸ エイミーとメグは公園を走っているところです。

Amy and Meg （　　　　）（ run　　　　　） in the park.

次の英文の日本語訳を書きましょう。

❶ We are practicing tennis now.
今

（私たちは今，テニスを　　　　　　　　　　　　）

❷ They are eating lunch now.
昼食

（彼らは今，　　　　　　　　　　　　　　　　）

❸ He is swimming in the sea.
海で

（彼は　　　　　　　　　　　　　　　　　　　）

わからないときはココを見よう

make, come は最後の e をとってから ing をつけます。

swim は最後の m を重ねてから ing をつけます。

「～しているところだ」
→〈am[are, is]＋動詞の ing 形〉

主語が I → be 動詞は am。
go はそのまま ing をつけます。

主語が三人称単数 → be 動詞は is。
take は最後の e をとってから ing をつけます。

主語が複数 → be 動詞は are。
run は最後の n を重ねてから ing をつけます。

practicing は practice 「～を練習する」の ing 形です。

eating は eat 「～を食べる」の ing 形です。

swimming は swim 「泳ぐ」の ing 形です。

43 現在進行形②

次の日本文に合うように,（　）に適する語を書きましょう。

❶ あなたは今，テレビを見ているところですか。

（A　　　）you（watch　　　　）TV now?

❷ 私は今，歌っているところではありません。

I（a　　　）（n　　　）（sing　　　）now.

次の日本文に合うように,（　）に適する語を□内から選んで書きましょう。

❶ ジムは今，理科を勉強しているところですか。

（　　　）Jim（　　　　）science now?

❷ （❶に答えて）はい，しています。

／いいえ，していません。

Yes, he（　　　）. / No, he（　　　　）.

> isn't　　Is　　studying　　is

次の日本文に合うように,（　）内の語（句）を並べかえましょう。

❶ 彼は今，何をしているところですか。

(doing / what / he / is) now?

What _____ now?

❷ 私はピアノを演奏しているところではありません。

(not / the piano / I'm / playing).

_____ .

わからないときはココを見よう

「〜しているところですか。」
→〈Are[Am, Is]＋主語＋動詞のing形 〜?〉

You are watching 〜 .
be動詞を主語の前に
Are you watching 〜 ?
〈be動詞〉〈主語〉 〈動詞のing形〉

「〜しているところではない」
→〈am[are, is] not＋動詞のing形 〜〉
I am not singing 〜 .
be動詞のあとに not

「〜しているところですか。」
→〈Is[Am, Are]＋主語＋動詞のing形 〜?〉
主語が三人称単数 → be動詞は is。

Is 〜?には is を使って答えます。
Is Jim studying 〜 ?
— Yes, he is . / No, he isn't .

「何を〜していますか。」
→ what「何」＋〈現在進行形の疑問文〉
What is he doing now?
「何」〈be動詞＋主語＋動詞のing形〉

I'm は I am の短縮形です。
I'm not playing 〜
= I am not playing 〜
be動詞のあとに not

44 ing 形を使う表現

解答▶別冊 p.12

次の日本文に合うように，（　）に適する語を書きましょう。

わからないときはココを見よう

❶ ヨウコは泳ぐことが得意です。

Yoko is (g　　　　) (a　　　　) (swim　　　　).

●……● 「〜することが得意だ」
→ be good at 〜ing

❷ 私は歌うことが好きです。

I (l　　　　) (sing　　　　).

●……● 「〜することが好きだ」
→ like 〜ing

❸ 弟はよくつりをして楽しみます。

My brother often (e　　　　) (fish　　　　).

●……● 「〜して楽しむ」 → enjoy 〜ing

次の日本文に合うように，（　）内の語を並べかえましょう。

❶ アンはおどることが得意です。

(at / Ann / good / is / dancing).

Ann　　　　　　　　　　　　　　　　　　.

●……● 「おどることが得意だ」を, be good at 〜ing を使って表します。
Ann is good at dancing.

❷ あなたは料理をして楽しみますか。

(do / cooking / enjoy / you)?

Do　　　　　　　　　　　　　　　　　　?

●……● 「料理をして楽しむ」を, enjoy 〜ing を使って表します。
Do you enjoy cooking?

次の英文の日本語訳を書きましょう。

❶ Do you like reading books?

（あなたは　　　　　　　　　　　　　　）

●……● like reading books
＝like 〜ing「〜することが好きだ」
　＋read books「本を読む」
→「本を読むことが好きだ」

❷ My father sometimes enjoys listening to music.
　　　　　　ときどき

（　　　　　　　　　　　　　　　　　　）

●……● enjoy listening to music
＝enjoy 〜ing「〜して楽しむ」
　＋listen to music「音楽を聞く」
→「音楽を聞いて楽しむ」

45 to do を使う表現①

次の日本文に合うように，（　　）に適する語を書きましょう。

❶ 私は朝食を食べたいです。

I（w　　　　　）（to）（e　　　　　　） breakfast.

❷ 私は朝早く起きようとします。

I（t　　　　　）（to）（g　　　　　） up early in the morning.

❸ ユウジはトムを訪ねる必要があります。

Yuji（n　　　　　　）（　　　　　）（v　　　　） Tom.

次の日本文に合うように，（　　）内の語（句）を並べかえましょう。

❶ あなたはこの本を買う必要がありますか。

(buy / you / this book / do / to / need)?

Do you _____ ?

❷ 私は皿を洗いたくありません。

(wash the dishes / don't / to / I / want).

　　　皿を洗う

I _____ .

次の英文の日本語訳を書きましょう。

❶ My mother doesn't need to make dinner.

（私の母は　　　　　　　　　　　　　　　　　　）

❷ Do you try to speak Japanese?

（　　　　　　　　　　　　　　　　　　　　　　）

わからないときはココを見よう

「〜したい」→ want to 〜

「〜しようとする」→ try to 〜

「〜する必要がある」→ need to 〜

to のあとの動詞は，主語が何でも原形にするよ。

「買う必要がある」を，need to 〜 を使って表します。
Do you need to buy 〜

「洗いたくありません」を，want to 〜を使った否定文で表します。
I don't want to wash 〜

need to make dinner
＝need to 〜「〜する必要がある」
　＋make dinner「夕食を作る」
→「夕食を作る必要がある」

try to speak Japanese
＝try to 〜「〜しようとする」
　＋speak Japanese
　「日本語を話す」
→「日本語を話そうとする」

46 to do を使う表現②

次の日本文に合うように,（　）に適する語を書きましょう。

❶ あなたは何をしたいですか。

（What）do you（w　　　　）（t　　　　）do?

❷ （❶に答えて）私はギターを演奏したいです。

I（　　　　）（　　　　）play the guitar.

❸ ジムは何のスポーツをしたいと思っていますか。

（What）sport（d　　　　）Jim（　　　　）

（　　　　）play?

❹ （❸に答えて）彼はサッカーをしたいと思っています。

He（w　　　　）to（　　　　）soccer.

次の英文の日本語訳を書きましょう。

❶ Where do you want to go in summer?

（あなたは夏に　　　　　　　　　　　　　　）

❷ What time does she want to eat lunch?

（彼女は　　　　　　　　　　　　　　　　　）

❸ When do you want to visit Japan?

（　　　　　　　　　　　　　　　　　　　　）

次の日本文に合うように,（　）内の語を並べかえましょう。

あなたは何を食べたいですか。

(to / do / what / want / eat / you)?

_____?

わからないときはココを見よう

「あなたは何を〜したいですか。」は what と want to 〜 を使った疑問文で表します。
What do you want to do?
「何」　　　　　　 want to 〜

主語が三人称単数
→ do ではなく does を使います。
答えの文では want に s をつけます。
What does Jim want to 〜?
− He wants to ....

where は「どこに［で］」という意味です。
Where do you want to 〜?
=「あなたはどこに［で］〜したいですか。」

what time は「何時」という意味です。
What time does she want to 〜?
=「彼女は何時に〜したいと思っていますか。」

when は「いつ」という意味です。
When do you want to 〜?
=「あなたはいつ〜したいですか。」

「あなたは何を〜したいですか。」は what と want to 〜 を使った疑問文で表します。
What do you want to eat?
「何」　　　　　　 want to 〜

47 can 肯定文

次の日本文に合うように，（　）内から選びましょう。

❶ 私は速く走ることができます。

I (am / can) run fast.

❷ あなたは上手に歌うことができます。

You (can / are) sing well.

❸ ジョンは日本語を話すことができます。

John can (speak / speaks) Japanese.

次の英文の日本語訳を書きましょう。

❶ I can cook curry and rice.

私はカレーライスを（　　　　　　　　　　　　　　　）。

❷ Amy can write kanji.

エイミーは漢字を（　　　　　　　　　　　　　　　）。

次の日本文に合うように，（　）内の語（句）を並べかえましょう。

❶ 私はこのコンピュータを使うことができます。

(use / I / this computer / can).

I can　　　　　　　　　　　　　　　 .

❷ 私の父はピアノを演奏することができます。

(play / my father / the piano / can).

My　　　　　　　　　　　　　　 .

わからないときはココを見よう

「～することができる」
→〈can＋動詞の原形 ～〉

can のあとの動詞は，主語が三人称単数でも原形にします。
John can speak ～
〈三人称単数〉　〈原形〉

can「～することができる」
＋cook「～を料理する」
→ can cook「～を料理することができる」

can「～することができる」
＋write「～を書く」
→ can write「～を書くことができる」

「～することができる」
→〈can＋動詞の原形 ～〉
I can use this computer.
〈can＋動詞の原形〉

「～することができる」
→〈can＋動詞の原形 ～〉
My father can play the piano.
〈can＋動詞の原形〉

48 can　否定文

次の日本文に合うように，(　　)に適する語を書きましょう。

❶ 私は英語の歌を歌うことができません。

I (can　　　　) (s　　　　　) English songs.

●……● 「～することができない」
→〈cannot＋動詞の原形 ～〉

❷ 彼女たちはこの漢字を読むことができません。

They can't (r　　　　) this kanji.

●……● can't は cannot の短縮形です。

❸ 彼は上手に泳ぐことができません。

He can't (s　　　　) well.

●……● can't[cannot]のあとの動詞は，主語が三人称単数でも原形にします。

次の英文の日本語訳を書きましょう。

❶ We cannot see the bird.

私たちはその鳥を (　　　　　　　　　　　　　　　)。

●……● 〈cannot＋動詞の原形 ～〉
→「～することができない」
see は「～が見える」です。

❷ That boy can't play the guitar.

あの男の子はギターを (　　　　　　　　　　　　　　)。

●……● 〈can't[cannot]＋動詞の原形 ～〉
→「～することができない」
play the guitar は「ギターを演奏する」です。

次の英文を否定文に書きかえましょう。

❶ Meg can draw pictures well.
　　　　　　　絵をかく

Meg ca＿＿＿＿　＿＿＿＿＿　＿＿＿＿＿

＿＿＿＿＿.

メグは上手に絵をかくことができません。

●……● 否定文にするので，can を cannot[can't] にします。

Meg 　can　　　　　draw ～

Meg 　cannot[can't]　draw ～
　　　〈cannot [can't]＋動詞の原形〉

My mother 　can　　　ride ～

My mother
　cannot[can't]　ride ～
　　　〈cannot [can't]＋動詞の原形〉

❷ My mother can ride a unicycle.
　　　　　　　　　一輪車に乗る

＿＿＿＿＿　＿＿＿＿＿　＿＿＿＿＿　＿＿＿＿＿

＿＿＿＿＿　＿＿＿＿＿.

私の母は一輪車に乗ることができません。

49 can　疑問文

次の日本文に合うように，(　) 内から選びましょう。

❶ あなたは速く泳ぐことができますか。

(Are / Can) you swim fast?

❷ ジョンは上手にスキーをすることができますか。

Can John (skis / ski) well?

次の日本文に合うように，(　) に適する語を書きましょう。

❶ ユカは英語を話すことができますか。

(C　　　) Yuka (s　　　　) English?

❷ (❶に答えて) はい，話せます。

／いいえ，話せません。

Yes, she (　　　). / No, she (　　　　).

❸ 私はどこでピアノを練習することができますか。

(　　　)(　　　　) I practice the piano?

次の英文を，(　) 内の指示に合うように書きかえましょう。

❶ Ann can sing this song.　(疑問文に)

C　　　　 Ann s　　　　　　　　　　　 ?

アンはこの歌を歌うことができますか。

❷ Shota can cook Japanese food.

(下線部をたずねる疑問文に)

_____ _____ _____ _____ ?

ショウタは何を料理することができますか。

わからないときはココを見よう

「～することができますか。」
→〈Can＋主語＋動詞の原形 ～?〉

Can ～? の疑問文では，主語が三人称単数でも，動詞は原形にします。

 can があったら，動詞は原形にするんだね。

「～することができますか。」
→〈Can＋主語＋動詞の原形 ～?〉
Can Yuka speak English?
Can〈主語〉〈動詞の原形〉

Can ～?にはcanを使って答えます。

「どこで」は where です。
Where を文頭に置いて，そのあとに can の疑問文の語順を続けます。

can の疑問文は，主語の前に can を置きます。
Ann can sing ～.
can を主語の前に
Can Ann sing ～?
Can〈主語〉〈動詞の原形〉

Japanese food を what「何」に置きかえて文頭に置き，そのあとに can の疑問文を続けます。
Shota can cook Japanese food.
can を主語の前に what
whatを文頭に
What can Shota cook?
What〈can＋主語＋動詞の原形〉

50 can を使う会話表現

次の日本文に合うように, ( ) に適する語を書きましょう。

❶ ピアノを演奏してくれませんか。— わかりました。

（　　　　　　）（you）play the piano?

— (A　　　　)(r　　　　　).

❷ あのドアを開けてもいいですか。— いいですよ。

（　　　　　　）（I）open that door?

— (S　　　　　).

次の英文の日本語訳を書きましょう。

❶ Can I eat lunch here?

ここで昼食を（　　　　　　　　　　　　　　　　）。

❷ Can you come to my house? — All right.

私の家に（　　　　　　　　　　　　）。— いいですよ。

次の英文を, ( ) 内の指示に合うように書きかえましょう。

❶ I read this book.
　　　　この本を読む

　　　　　　（「～してもいいですか」とたずねる文に）

C＿＿＿＿＿ r＿＿＿＿＿ ＿＿＿＿＿ ＿＿＿＿＿?

この本を読んでもいいですか。

❷ Please make dinner.
　　　　夕食を作る

　　　　　　　　（ほぼ同じ意味を表す文に）

C＿＿＿＿＿ ＿＿＿＿＿ m＿＿＿＿＿ ＿＿＿＿＿?

夕食を作ってくれませんか。

わからないときはココを見よう

「～してくれませんか。」
→ Can you ～ ?
★答え方
Sure. / All right.「わかりました。」,
Sorry, I can't.「すみません, できません。」 など

「～してもいいですか。」
→ Can I ～ ?
★答え方
Sure.「いいですよ。」,
Sorry, you can't.「すみませんが, だめです。」 など

eat lunch は「昼食を食べる」です。

come to my house は「私の家に来る」です。

「あなたは～することができますか」との区別は, 前後の流れでつけよう。

「～してもいいですか。」
→ Can I ～ ?

Please ～ .「～してください。」
→ Can you ～ ?「～してくれませんか。」でほぼ同じ意味を表せます。

51 一般動詞の過去形（規則動詞）

次の一般動詞を過去形に書きかえましょう。

わからないときはココを見よう

動詞の過去形は動詞の語尾に **d** または **ed** をつけて作ります。

❶ live 「住む」　　　　live ＿＿＿＿＿＿＿

❷ listen 「聞く」　　　listen ＿＿＿＿＿＿＿

❸ help 「～を助ける」　help ＿＿＿＿＿＿＿

❹ study 「～を勉強する」　stud ＿＿＿＿＿＿＿

study は最後の **y** を **i** にしてから **ed** をつけます。
study → studied

次の日本文に合うように,（　）に適する語を書きましょう。

❶ 私は昨日，ジョージに電話をしました。

I（call　　　　　）George（y　　　　　　　　）.

call「～に電話をする」の過去形は **ed** をつけて作ります。
「昨日」は yesterday です。

❷ 彼らは先週，これらの部屋を使いました。

They（use　　　）these rooms（l　　　　　）week.

use「～を使う」の過去形は **d** をつけて作ります。
「先～,この前の～」は last ～ です。

❸ ルーシーは昨年，北海道を訪れました。

Lucy（visit　　　　）Hokkaido（　　　　　）year.

visit「～を訪れる」の過去形は **ed** をつけて作ります。

次の英文に（　）内の語（句）をつけ加え，過去の文に書きかえましょう。

❶ Shinji cooks dinner.（yesterday evening）
　　　　　　　　　　　　　昨日の晩

Shinji ＿＿＿＿＿＿＿ ＿＿＿＿＿＿＿ yesterday
evening.

シンジは昨晩，夕食を料理しました。

cook「～を料理する」の過去形は **ed** をつけて作ります。
Shinji cooks ～

Shinji cooked ～

❷ We watch TV.（yesterday）
　　　　　　　　　昨日

We ＿＿＿＿＿＿＿ ＿＿＿＿ yesterday.

私たちは昨日，テレビを見ました。

watch「～を見る」の過去形は **ed** をつけて作ります。
We watch ～

We watched ～

52 一般動詞の過去形（不規則動詞）

次の一般動詞を過去形に書きかえましょう。

❶ stand　「立つ」　_____

❷ bring　「～を持ってくる」　_____

❸ eat　「～を食べる」　_____

❹ say　「～を言う」　_____

❺ come　「来る」　_____

次の英文の日本語訳を書きましょう。

❶ I took this picture last week.
　　　　　　　　　　　先週

（私は先週，　　　　　　　　　　　　　　　）

❷ He bought the cap last year.
　　　　　　　　　　　昨年

（　　　　　　　　　　　　　　　　　　　）

次の英文に（　）内の語（句）をつけ加え，過去の文に書きかえましょう。

❶ My father makes lunch.　（yesterday）
　　　　　　　　　　　　　　昨日

My father m_____ _____ yesterday.

私の父は昨日，昼食を作りました。

❷ Mike gets up at 6:30.　（this morning）
　　　　　　　　　　　　　今朝

Mike g_____ up at 6:30 this morning.

マイクは今朝，6 時 30 分に起きました。

❸ She goes to the park.　（last Saturday）
　　　　　　　　　　　　　この前の土曜日

_____ w_____ _____ _____

last Saturday.

彼女はこの前の土曜日，公園に行きました。

わからないときはココを見よう

d または ed をつけるのではなく，不規則に変化する動詞の過去形もあります。
stand → stood
bring → brought
eat　 → ate
say　 → said
come → came

それぞれの動詞の過去形と，yesterday「昨日」などの過去を表すキーワードに注意しましょう。

took は take の過去形です。
take a picture は「写真をとる」です。

bought は buy「買う」の過去形です。

make「～を作る」の過去形は made です。
My father makes ～

My father made ～

get の過去形は got です。
get up は「起きる」です。
Mike gets up ～

Mike got up ～

go「行く」の過去形は went です。
She goes to ～

She went to ～

53 一般動詞の過去形　否定文

次の日本文に合うように，（　）に適する語を書きましょう。

❶ 私はテレビを見ませんでした。

I（did）（　　　　　）（w　　　　　　）TV.

❷ 彼女は学校に来ませんでした。

She（d　　　　　）（c　　　　　）to school.

次の日本文に合うように，（　）に適する語を□内から選んで書きましょう。

❶ 彼は手紙を書きませんでした。

He（　　　　　）not（　　　　　）a letter.

❷ 私は体育館に行きませんでした。

I（　　　　　）（　　　　　）to the gym.

| did　　didn't　　write　　go |

次の英文を否定文に書きかえましょう。

❶ My brother bought the cup.

My ＿＿＿＿ d＿＿＿ b＿＿＿

＿＿＿＿ ＿＿＿＿ .

私の兄［弟］はそのカップを買いませんでした。

❷ You practiced the guitar this morning.

You d＿＿＿ p＿＿＿ ＿＿＿

＿＿＿ ＿＿＿ ＿＿＿ .

あなたは今朝，ギターを練習しませんでした。

わからないときはココを見よう

「～しませんでした」
→〈did not＋動詞の原形 ～〉
規則動詞でも不規則動詞でも同じ文の形です。

主語が三人称単数でも，一般動詞の過去の否定文の作り方は変わりません。did not の短縮形は didn't です。

「～しませんでした」
→〈did not＋動詞の原形 ～〉
He did not write ～
　〈did not＋動詞の原形〉

（　）が2つだけなので，did not の短縮形 didn't を使います。

「～しませんでした」
→〈did not＋動詞の原形 ～〉
動詞を原形にすることに注意しましょう。

bought は buy「～を買う」の過去形です。

practiced は practice「～を練習する」の過去形です。

---

54 一般動詞の過去形　疑問文

次の日本文に合うように,（　）内から選びましょう。

❶ あなたは昨日，早く寝ましたか。

（ Do / Did ）you go to bed early yesterday?

❷ 彼は何時にここに来ましたか。

What time did he (came / come) here?

わからないときはココを見よう

「～しましたか。」
→〈Did＋主語＋動詞の原形 ～ ?〉
規則動詞でも不規則動詞でも同じ文の形です。

did を使った疑問文 → 動詞は原形

次の日本文に合うように,（　）に適する語を▨内から選んで書きましょう。

❶ ミキはそのコンサートに参加しましたか。

（　　　　　）Miki（　　　　　）the concert?

❷ （❶に答えて）はい，しました。
／いいえ，しませんでした。

Yes, she（　　　　　）. / No, she（　　　　　）.

| did | didn't | join | Did | joined |

「～しましたか。」
→〈Did＋主語＋動詞の原形 ～ ?〉
[Did] Miki join ～ ?
　　〈主語〉〈動詞の原形〉

Did ～?には did を使って答えます。
[Did] Miki join ～ ?

— Yes, she [did]. / No, she [didn't].

次の日本文の英語訳を書きましょう。

❶ ケンタは朝食を食べましたか。

D_____ Kenta e_____ _____ ?

❷ あなたは昨日，ここで何をしましたか。

W_____ _____ you _____ here yesterday?

❸ ジュディはいつ沖縄に行きましたか。

_____ _____ Judy _____ to Okinawa?

「～しましたか。」
→〈Did＋主語＋動詞の原形 ～ ?〉
[Did] Kenta eat ～ ?
　　〈主語〉〈動詞の原形〉

「何」は what で表し，文頭に置きます。そのあとに一般動詞の過去の疑問文を続けます。
[What] did you do ～ ?
　　〈did＋主語＋動詞の原形 ～ ?〉

「いつ」は when で表し，文頭に置きます。そのあとに〈did＋主語＋動詞の原形 ～ ?〉を続けます。

55 be 動詞の過去形　肯定文

次の日本文に合うように，(　　) 内から選びましょう。

❶ 私は今朝，疲れていました。

I (am / was) tired this morning.

❷ 彼女は体育館にいました。

She (is / was) in the gym.

❸ あなたは上手な野球選手でした。

You (are / were) a good baseball player.

次の英文の日本語訳を書きましょう。

❶ We were classmates last year.
　　　　　　 クラスメイト

私たちは（昨年，　　　　　　　　　　　　　）。

❷ That movie was interesting.
　　　　　　　　 おもしろい

あの映画は（　　　　　　　　　　　　　　）。

次の英文に (　　) 内の語句をつけ加え，過去の文に書きかえましょう。

❶ I am a teacher.　(two years ago)
　　　　　　　　　 2 年前

I w_____ a teacher two _____ _____.

私は 2 年前，教師でした。

❷ They are in Japan.　(last year)
　　　　　　　　　　 昨年

They w_____ in _____ _____ _____.

彼ら［彼女たち］は昨年，日本にいました。

わからないときはココを見よう

be 動詞の過去形 → was / were
私は**今朝，疲れていました。**
I <u>was</u> tired this morning.
　＝am の過去形

彼女は**体育館にいました。**
She <u>was</u> in the gym.
　＝is の過去形

あなたは**上手な野球選手**でした。
You <u>were</u> a good baseball player.
　＝are の過去形

be 動詞の過去形は，was と were の 2 つしかないんだね。

We were 〜 .
→「私たちは〜でした。」

That movie was 〜 .
→「あの映画は〜でした。」

two years ago「2 年前」は過去を表す。
→ am を過去形の was にします。
I [am] a teacher.
I [was] a teacher 〜 .

last year「昨年」は過去を表す。
→ are を過去形の were にします。
They [are] in Japan.
They [were] in Japan 〜 .

56 be 動詞の過去形　否定文・疑問文

次の日本文に合うように，（　）に適する語を書きましょう。

❶ 私はそのとき，うれしくありませんでした。

I（was）（　　　　　　） happy then.

❷ あなたは昨日，あなたの部屋にいましたか。

（Were） you in your room yesterday?

❸ （❷に答えて）はい，いました。

／いいえ，いませんでした。

Yes, I（w　　　　　）. / No, I（w　　　　　　　）.

次の英文の日本語訳を書きましょう。

❶ They weren't good at math last year.
　　　　　　　　　　　～が得意な

彼らは昨年, 数学が（　　　　　　　　　　　　　　　）。

❷ How was the baseball game?

その野球の試合は（　　　　　　　　　　　　　　　）。

次の英文を，（　）内の指示に合うように書きかえましょう。

❶ She was in the art club. （疑問文に）

W＿＿＿＿＿ ＿＿＿＿＿ ＿＿＿＿＿ ＿＿＿＿＿ ＿＿＿＿＿

＿＿＿＿＿ ?

彼女は美術部に入っていましたか。

❷ They were in America last year.

（下線部をたずねる疑問文に）

W＿＿＿＿＿ ＿＿＿＿＿ ＿＿＿＿＿ last year?

彼ら［彼女たち］は昨年，どこにいましたか。

わからないときはココを見よう

● 「～ではありませんでした」
→ was[were] not ～

● 「～でしたか。」
→〈Was[Were]＋主語 ～?〉

● Was[Were] ～? の疑問文には
was, were を使って答えます。
Were you in ～?

— Yes, I was . / No, I wasn't .
　　　　　　　　　　　　　　=was not

● They weren't ～ .
→「彼らは～ではありませんでした。」

● how＝「どのような」
How was the baseball game?
How was 〈主語〉

● 疑問文にするので，was を主語の
she の前に置きます。
She was in ～ .
was を主語の前に
Was she in ～?

● in America「アメリカに」
場所をたずねるので，where「ど
こに」を使った疑問文にします。
They were in America ～ .

were を　　　　　where
主語の前に　　　　　where を
　　　　　　　　　　文頭に
Where were they ～?

57 過去進行形　肯定文

次の日本文に合うように，（　）に適する語を書きましょう。

❶ カレンは歌を歌っていました。

Karen（was）（sing　　　　　　　）a song.

❷ 私たちは12時に昼食を作っていました。

We（w　　　　　）（mak　　　　　　）lunch at 12:00.

次の日本文に合うように，（　）内から選びましょう。

❶ その子どもたちは眠っていました。

The children (was / were) sleeping.

❷ 男の子が上手に泳いでいました。

A boy was (swim / swimming) well.

次の英文を，（　）内の指示に合うように書きかえましょう。

❶ They are running.

（at 4:00 をつけて過去進行形の文に）

They w　　　　　　　　　　　　　　　 at 4:00.

彼ら［彼女たち］は4時に走っていました。

❷ I practice tennis.

（at noon をつけて過去進行形の文に）

I　　　　　　　　　　　　　　　　　　　 at noon.

私は正午にテニスを練習していました。

わからないときは**ココ**を見よう

「～していました」
→〈was[were]＋動詞のing形 ～〉
主語の Karen は三人称単数
→ be動詞は was

主語が複数 → be動詞は were
make は最後の e をとってから ing
をつけます。

主語が複数 → be動詞は were

「～していました」の文なので，
動詞の swim は ing 形にします。

「～していました」
→〈was[were]＋動詞のing形 ～〉
主語が複数 → be動詞 are を過去形
の were にします。
They are running ～ .

They were running ～ .

主語が I → be動詞は was
practice の ing 形は practicing
I　　　 practice ～
I was practicing ～
　〈was＋動詞の ing 形〉

58 過去進行形 否定文・疑問文

次の日本文に合うように，(　)に適する語を書きましょう。

❶ ケイトはそのとき，眠っていませんでした。

Kate (was) (　　　　　) (sleep　　　　　) then.

❷ あなたは3時にテレビを見ていましたか。

(W　　　　) you (watch　　　　) TV at 3:00?

❸ (❷に答えて) はい，見ていました。
／いいえ，見ていませんでした。

Yes, I (w　　　). / No, I (w　　　　).

次の英文の日本語訳を書きましょう。

❶ Satoshi wasn't using his bike then.

サトシはそのとき，自転車を (使って　　　　　　　　　　)。

❷ What were they doing at 4:00?

彼らは4時に (　　　　　　　　　　　　　　　　)。

次の英文を，(　)内の指示に合うように書きかえましょう。

❶ He was cleaning the room. (否定文に)

He w_____ c_____ the room.

彼はその部屋を掃除していませんでした。

❷ You were going to the library. (疑問文に)

W_____ you g_____ to the library?

あなた（たち）は図書館に行くところでしたか。

わからないときは<u>ココ</u>を見よう

「～していませんでした」
→ 〈was[were]not＋動詞の ing 形 ～〉
主語の Kate は三人称単数
→ be 動詞は was

「～していましたか。」
→ 〈Was[Were]＋主語＋動詞の ing 形 ～?〉
主語が you → be 動詞は Were

Were you ～ ?
— Yes, I was . / No, I wasn't .
was not

wasn't using より「使っていませんでした」という過去進行形の否定文です。

what「何」を使った過去進行形の疑問文です。「何を～していましたか」

過去進行形の否定文は was[were] のあとに not を置きます。
He was cleaning ～
He wasn't cleaning ～
was not

were を主語の前に置きます。
You were going ～.
were を主語の前に
Were you going ～ ?

59 There is[are] 〜． 肯定文

次の日本文に合うように，（　）内から選びましょう。

❶ 私のかばんの中には１冊の本があります。

There (is / are) a book in my bag.

❷ この教室には２人の生徒がいます。

(There are / Those are) two students in this classroom.

次の日本文に合うように，（　）に適する語を▢内から選んで書きましょう。

❶ 私たちの町には動物園が２つあります。

There (　　　　　) two zoos in our town.

❷ ベッドの下に１匹のネコがいました。

There (　　　　　) a cat under the bed.

> were　　is　　was　　are

次の英文の日本語訳を書きましょう。

❶ There is a girl by the door.
　　　　　　　　ドアのそばに

（ドアのそばに　　　　　　　　　　　　）。

❷ There were many dogs in the park.
　　　　　　　　　　公園に

（公園に　　　　　　　　　　　　　　　）。

❸ There are two pencils on the desk.
　　　　　　　　　　机の上に

（　　　　　　　　　　　　　　　　　　）。

わからないときはココを見よう

「〜がいる[ある]。」
→ There is [are] 〜．
be 動詞は，be 動詞の直後にある名詞に合わせます。
There is a book in my bag.
「〜がある」〈名詞〉〈場所を表す語句〉

Those are 〜．は「あれらは〜です。」という意味です。

There are two zoos 〜
be 動詞は　名詞が複数
are

過去の文なので，was / were を使います。
There was a cat 〜
be 動詞は　名詞が単数
was

過去の文では，be 動詞は was / were を使おう。

There is 〜．＝「〜がいます。」

There were 〜．＝「〜がいました。」

There are 〜．＝「〜があります。」

60 There is[are] ～. 否定文・疑問文

次の日本文に合うように，(　) に適する語を書きましょう。

❶ 私の部屋にはベッドがありません。

There (is) (　　　　　　) a bed in my room.

> 「～がありません[いません]。」
> → There is[are] not ～.

❷ テーブルの上にいくつかカップがありますか。

(　　　　　　) (there) any cups on the table?

> 「～がありますか[いますか]。」
> → Is[Are] there ～?

❸ (❷に答えて) はい，あります。／いいえ，ありません。

Yes, (t　　　　　) (a　　　　　).

/ No, (　　　　　　) (a　　　　　).

> Is[Are] there ～? には there と be 動詞を使って答えます。
> [Are] there ～?
>   └→ Yes, there [are] . / No, there [aren't] .
>   are not

次の英文の日本語訳を書きましょう。

❶ There were not any people in the gym.
　　　　　　　　　　　　　　体育館に

(　　　　　には 1 人も　　　　　　　　　　　　　　)。

> not ～ any … =「1 つ [1 人] の …も～ない」

❷ How many animals are there in this zoo?
　　　　　　　　　　　　この動物園に

(　　　　　　には何頭の　　　　　　　　　　　　　)。

> 〈How many＋名詞の複数形＋are there ～?〉
> →「いくつの～がありますか [何人の～がいますか]。」

次の日本文に合うように，(　) 内の語 (句) を並べかえましょう。

❶ この近くにいくつかレストランはありますか。

(any restaurants / there / are) near here?
　　　　　　　　　　　　　この近くに

_____ near here?

> Are [there] any restaurants ～
> be 動詞を there の前に

❷ 公園には鳥が 1 羽もいませんでした。

(any birds / there / weren't) in the park.
　　　　　　　　　　　　公園に

_____ in the park.

> There weren't any birds ～
>   =were not
> be 動詞 were のあとに not

初版
第1刷　2023年7月1日　発行

●編　者
　　数研出版編集部
●カバー・表紙デザイン
　　株式会社クラップス

発行者　星野　泰也

ISBN978-4-410-15388-4

とにかく基礎のキソ　中1英語

発行所　数研出版株式会社

本書の一部または全部を許可なく
複写・複製することおよび本書の
解説・解答書を無断で作成するこ
とを禁じます。

〒101-0052　東京都千代田区神田小川町2丁目3番地3
　　　　　　〔振替〕00140-4-118431
〒604-0861　京都市中京区烏丸通竹屋町上る大倉町205番地
〔電話〕代表　(075)231-0161
ホームページ　https://www.chart.co.jp
印刷　創栄図書印刷株式会社
　　　乱丁本・落丁本はお取り替えいたします　230501

① 英語の文字・場面の表現

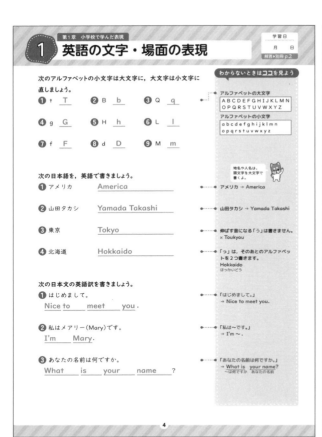

次のアルファベットの小文字は大文字に，大文字は小文字に直しましょう。

❶ t **T**　❷ B **b**　❸ Q **q**

❹ g **G**　❺ H **h**　❻ L **l**

❼ f **F**　❽ d **D**　❾ M **m**

次の日本語を，英語で書きましょう。

❶ アメリカ　**America**

❷ 山田タカシ　**Yamada Takashi**

❸ 東京　**Tokyo**

❹ 北海道　**Hokkaido**

次の日本文の英語訳を書きましょう。

❶ はじめまして。
Nice to meet you .

❷ 私はメアリー（Mary）です。
I'm Mary .

❸ あなたの名前は何ですか。
What is your name ?

わからないときはココを見よう

→ アルファベットの大文字
ABCDEFGHIJKLMN
OPQRSTUVWXYZ
→ アルファベットの小文字
abcdefghijklmn
opqrstuvwxyz

地名や人名は，頭文字を大文字で書くよ。

→ アメリカ → America

→ 山田タカシ → Yamada Takashi

→ 伸ばす音になる「う」は書きません。
× Toukyou

→ 「っ」は，そのあとのアルファベットを2つ書きます。
Hokkaido
ほっかいどう

→ 「はじめまして。」
→ Nice to meet you.

→ 「私は〜です。」
→ I'm 〜.

→ 「あなたの名前は何ですか。」
→ What is your name?
〜は何ですか あなたの名前

4

---

② I am 〜 .

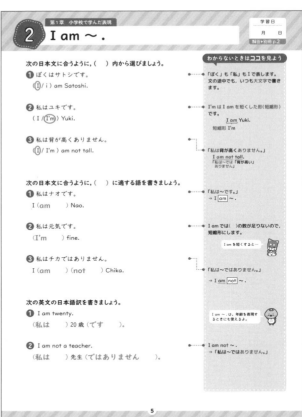

次の日本文に合うように，（ ）内から選びましょう。

❶ ぼくはサトシです。
（**I**/ i) am Satoshi.

❷ 私はユキです。
(I /**I'm**) Yuki.

❸ 私は背が高くありません。
（**I**/ I'm) am not tall.

次の日本文に合うように，（ ）に適する語を書きましょう。

❶ 私はナオです。
I (**am**) Nao.

❷ 私は元気です。
（I'm ） fine.

❸ 私はチカではありません。
I (**am** ）（**not**) Chika.

次の英文の日本語訳を書きましょう。

❶ I am twenty.
（私は ）20歳（**です** ）。

❷ I am not a teacher.
（私は ）先生（ではありません ）。

わからないときはココを見よう

→ 「ぼく」も「私」もIで表します。文の途中でも，いつも大文字で書きます。

→ I'mはI amを短くした形（短縮形）です。
I am Yuki.
短縮形 I'm

→ 「私は背が高くありません。」
I am not tall.
「私は〜では「背が高い」ありません」

→ 「私は〜です。」
→ I am 〜.

→ I amでは（ ）の数が足りないので，短縮形にします。
I amを短くすると…

→ 「私は〜ではありません。」
→ I am not 〜.

→ I am 〜. は，年齢を表現することにも使えます。

→ I am not 〜.
「私は〜ではありません。」

5

---

③ I like 〜 .

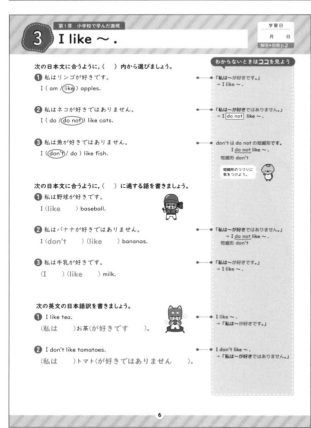

次の日本文に合うように，（ ）内から選びましょう。

❶ 私はリンゴが好きです。
I (am /**like**) apples.

❷ 私はネコが好きではありません。
I (do /**do not**) like cats.

❸ 私は魚が好きではありません。
I (**don't**/ do) like fish.

次の日本文に合うように，（ ）に適する語を書きましょう。

❶ 私は野球が好きです。
I (**like**) baseball.

❷ 私はバナナが好きではありません。
I (**don't** ）（**like**) bananas.

❸ 私は牛乳が好きです。
（**I** ）（**like**) milk.

次の英文の日本語訳を書きましょう。

❶ I like tea.
（私は ）お茶（が好きです ）。

❷ I don't like tomatoes.
（私は ）トマト（が好きではありません ）。

わからないときはココを見よう

→ 「私は〜が好きです。」
→ I like 〜.

→ 「私は〜が好きではありません。」
→ I do not like 〜.

→ don't は do not の短縮形です。
I do not like 〜.
短縮形 don't

短縮形のつづりに気をつけよう。

→ 「私は〜が好きではありません。」
→ I do not like 〜.
短縮形 don't

→ 「私は〜が好きです。」
→ I like 〜.

→ I like 〜.
「私は〜が好きです。」

→ I don't like 〜.
「私は〜が好きではありません。」

6

---

④ Are you 〜 ?

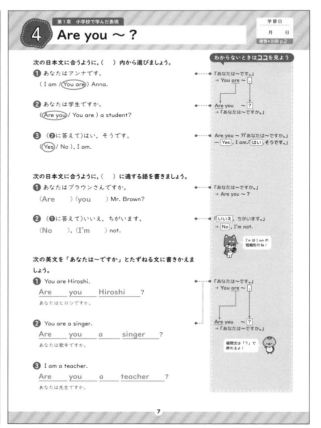

次の日本文に合うように，（ ）内から選びましょう。

❶ あなたはアンナです。
(I am /**You are**) Anna.

❷ あなたは学生ですか。
(**Are you**/ You are) a student?

❸ （❷に答えて）はい，そうです。
(**Yes**/ No), I am.

次の日本文に合うように，（ ）に適する語を書きましょう。

❶ あなたはブラウンさんですか。
（**Are** ）（**you**) Mr. Brown?

❷ （❶に答えて）いいえ，ちがいます。
（**No** ），（**I'm**) not.

次の英文を「あなたは〜ですか」とたずねる文に書きかえましょう。

❶ You are Hiroshi.
→ **Are you Hiroshi ?**
あなたはヒロシですか。

❷ You are a singer.
→ **Are you a singer ?**
あなたは歌手ですか。

❸ I am a teacher.
→ **Are you a teacher ?**
あなたは先生ですか。

わからないときはココを見よう

→ 「あなたは〜です。」
→ You are 〜 .

→ Are you 〜 ?
→ 「あなたは〜ですか。」

→ Are you 〜?「あなたは〜ですか。」
— Yes, I am.「はい，そうです。」

→ 「あなたは〜ですか。」
→ Are you 〜?

→ 「いいえ，ちがいます。」
→ No, I'm not.

I'm は I am の短縮形だね！

→ 「あなたは〜です。」
→ You are 〜 .

→ 「あなたは〜ですか。」
→ Are you 〜?

疑問文は「?」で終わるよ！

7

2

⑤ Do you 〜 ?

次の日本文に合うように、（　）内から選びましょう。

❶ あなたは魚が好きです。
（(You like)/ You are）fish.

❷ あなたは魚が好きですか。
（ Are you /(Do you)）like fish?

❸ （❷に答えて）いいえ、好きではありません。
No, I（ am not /(don't)）.

次の日本文に合うように、（　）に適する語を書きましょう。

❶ あなたはバナナが好きですか。
（ Do ）（ you ）like bananas?

❷ （❶に答えて）はい、好きです。
（ Yes ）, I（ do ）.

次の英文を「あなたは〜が好きですか」とたずねる文に書きかえましょう。

❶ You like books.
<u>Do　you　like　books</u> ?
あなたは本が好きですか。

❷ You like songs.
<u>Do　you　like　songs</u> ?
あなたは歌が好きですか。

→ You like 〜 .
（you の前に Do を置く）
Do you like 〜 ?
→「あなたは〜が好きですか」

Do you like 〜 ?
─ No, I do not.
短縮形 don't
「いいえ、好きでは ありません。」

「あなたは〜が好きですか。」
→ Do you like 〜 ?

Do you like 〜 ?
─ Yes, I do.
「はい、好きです。」

「あなたは〜が好きですか。」
（you の前に Do を置く）
Do you like 〜 ?
→「あなたは〜が好きですか。」

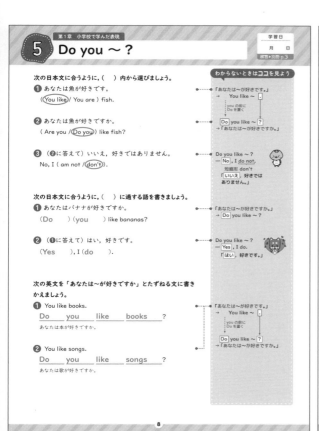

---

⑥ This / That is 〜 .

次の日本文に合うように、（　）内から選びましょう。

❶ これは本です。
（(This)/ That ）is a book.

❷ あれは鳥です。
（ This /(That)）is a bird.

❸ これはかばんではありません。
This（ is /(is not)）a bag.

次の日本文に合うように、（　）に適する語を書きましょう。

❶ あれは病院ですか。
（ Is ）（ that ）a hospital?

❷ （❶に答えて）はい、そうです。
Yes,（ it ）is.

❸ （❶に答えて）いいえ、ちがいます。
（ No ）,（ it ）（ isn't ）.

次の英文を下の日本語に合うように書きかえましょう。

❶ This is a camera.
これはカメラですか。
<u>Is　this　a　camera</u> ?

❷ That is Haruki.
あちらはハルキではありません。
<u>That　is　not　Haruki</u> .

「これは〜です。」
→ This is 〜 .
This「これ」は、近くのものを指すよ！

「あれは〜です。」
→ That is 〜 .
That「あれ」は、遠くのものを指すよ！

「これは〜ではありません。」
→ This is not 〜 .
短縮形 isn't

That is 〜 .
Is that 〜 ?「あれは〜ですか。」

（Is that 〜 ?）には、it を使って答えます。
「はい、そうです。」
→ Yes, it is.
「いいえ、ちがいます。」
→ No, it is not.
短縮形 isn't

This is 〜 .
Is this 〜 ?「これは〜ですか。」

「あれは〜ではありません。」
→ That is not 〜 .

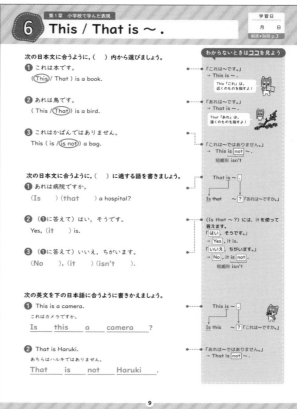

---

⑦ He / She is 〜 .

次の日本文に合うように、（　）内から選びましょう。

❶ 彼はトムです。
（(He)/ She ）is Tom.

❷ 彼女は医者です。
（ He's /(She's)）a doctor.

❸ ハナは学生ではありません。
Hana（ is /(is not)）a student.

次の日本文に合うように、（　）に適する語を書きましょう。

❶ 彼はボブですか。
（ Is ）（ he ）Bob?

❷ （❶に答えて）はい、そうです。
Yes,（ he ）is.

❸ （❶に答えて）いいえ、ちがいます。
（ No ）,（ he's ）not.

次の英文を下の日本語に合うように書きかえましょう。

❶ He is Masaki.
彼はマサキではありません。
<u>He　is　not　Masaki</u> .

❷ She's famous.
彼女は有名ですか。
<u>Is　she　famous</u> ?

「彼は〜です。」→ He is 〜 .
短縮形 He's

「彼女は〜です。」→ She is 〜 .
短縮形 She's

「〈人名〉は〜ではありません。」
→〈人名〉is not 〜 .

He is 〜 .
Is he 〜 ?「彼は〜ですか。」

（Is he 〜 ?）には、he を使って答えます。
「はい、そうです。」
→ Yes, he is.
「いいえ、ちがいます。」
→ No, he is not.
短縮形 he's

「彼は〜ではありません。」
→ He is not 〜 .

She is 〜 .
Is she 〜 ?「彼女は〜ですか。」

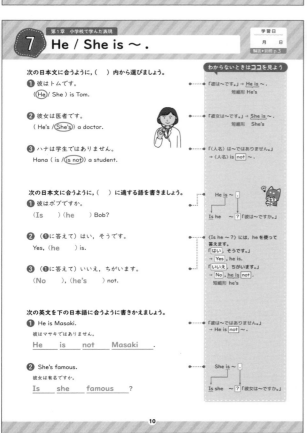

---

⑧ be 動詞　肯定文

次の日本文に合うように、（　）内から選びましょう。

❶ 私は医者です。
I（(am)/ are / is ）a doctor.

❷ あなたは日本人です。
You（(are)/is/ am ）Japanese.

❸ 彼女は5歳です。
She（ am /(is)/ are ）five.

次の日本文に合うように、（　）に適する語を書きましょう。

❶ あなたは背が高いです。
You（ are ）tall.

❷ この本はおもしろいです。
This book（ is ）interesting.

❸ ケントは歌手です。
Kento（ is ）a singer.

次の英文を、（　）内の指示に合うように書きかえましょう。

❶ I'm Yumi.（下線部を You に）
You <u>are　Yumi</u> .
あなたはユミです。

❷ He's a student.（下線部を I に）
<u>I am　a　student</u> .
私は学生です。

「私は〜です。」
I am 〜 .
〈主語〉〈be 動詞〉

「あなたは〜です。」
You are 〜 .
〈主語〉〈be 動詞〉

「彼女は〜です。」
→ She is 〜 .
〈主語〉〈be 動詞〉
am, are, is を be 動詞といって、主語によって使いわけるよ！

主語が You
You are 〜 .
be 動詞は are

主語が 1つのもの
This book is 〜 .
be 動詞は is

主語が人名
Kento is 〜 .
be 動詞は is

I'm Yumi.「私はユミです。」
I am
You 〜

He's a student.「彼は学生です。」
He is
I 〜

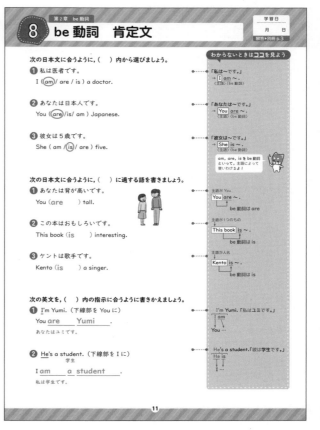

9 be動詞 否定文

学習日 月 日　解答▶別冊 p.4

次の日本文に合うように，（　）内から選びましょう。

❶ 私は学生ではありません。
I (are not / am not / is not) a student.

❷ あなたはマミではありません。
You (am not / is not / are not) Mami.

❸ 彼女は 12 歳ではありません。
She (is not / am not / are not) twelve.

次の日本文に合うように，（　）に適する語を書きましょう。

❶ 彼は私の弟ではありません。
(He's) not my brother.

❷ あなたは歯医者ではありません。
You (aren't) a dentist.

❸ カズヤは野球選手ではありません。
Kazuya (isn't) a baseball player.

次の英文を肯定文（「～です」の文）から否定文（「～ではありません」の文）に書きかえましょう。

❶ This soup is hot.
This soup isn't hot.
このスープは熱くありません。

❷ I am a teacher.
先生
I'm not a teacher.
私は先生ではありません。

10 be動詞 疑問文

学習日 月 日　解答▶別冊 p.4

次の日本文に合うように，（　）内から選びましょう。

❶ あなたは眠いですか。
(Is / Am / Are) you sleepy?

❷ （❶に答えて）はい，眠いです。
Yes, (you are / I am).

次の日本文に合うように，（　）に適する語を書きましょう。

❶ ケンはパイロットですか。
(Is) Ken a pilot?

❷ （❶に答えて）はい，そうです。
(Yes), (he) is.

❸ エリナはあなたの妹ですか。
(Is) Erina your sister?

❹ （❸に答えて）いいえ，ちがいます。
(No), (she's) not.

次の英文を疑問文（「～ですか」の文）に書きかえましょう。

❶ You're hungry.
Are you hungry ?
あなたはおなかが空いていますか。

❷ That is your bag.
Is that your bag ?
あれはあなたのかばんですか。

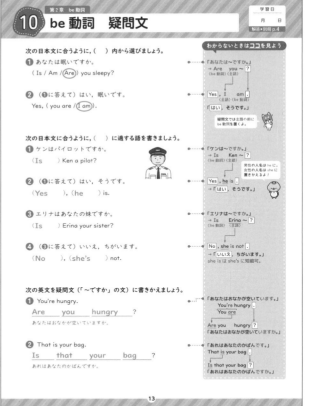

11 一般動詞 肯定文

学習日 月 日　解答▶別冊 p.4

次の日本文に合うように，（　）内から選びましょう。

❶ 私はイヌを飼っています。
I (have / am / go) a dog.

❷ あなたは日本語を話します。
You (are / come / speak) Japanese.

❸ 私は大阪に住んでいます。
I (speak / live / are) in Osaka.

次の日本文に合うように，（　）内の語を並べかえましょう。

❶ 私は英語を勉強します。
(English / I / study).
I study English .

❷ あなたは月曜日にバスケットボールをします。
(you / basketball / play) on Mondays.
You play basketball on Mondays.

次の日本文に合うように，（　）に適する語を書きましょう。

❶ 私は歌を歌います。
(I) (sing) a song.

❷ あなたはネコが好きです。
(You) (like) cats.

❸ 私は9時にお風呂に入ります。
(I) (take) a bath at nine.

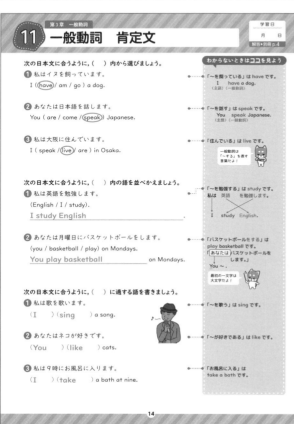

12 一般動詞 否定文

学習日 月 日　解答▶別冊 p.4

次の日本文に合うように，（　）内から選びましょう。

❶ 私はピアノを演奏しません。
I (am not / do not) play the piano.

❷ 私は泳ぎません。
I (do swim / don't swim).

❸ あなたはイヌを飼っていません。
You (not have / do not have) a dog.

次の日本文に合うように，（　）内の語を並べかえましょう。

❶ 私は野球をしません。
I (do / baseball / play / not).
I do not play baseball .

❷ あなたは朝食を作りません。
(breakfast / cook / don't / you).
You don't cook breakfast .

次の日本文に合うように，（　）に適する語を書きましょう。

❶ 私はテニスが好きではありません。
I (do) (not) (like) tennis.

❷ あなたはバナナを食べません。
(You) (don't) (eat) bananas.

❸ 私は日曜日に学校へ行きません。
I (don't) (go) to school on Sundays.

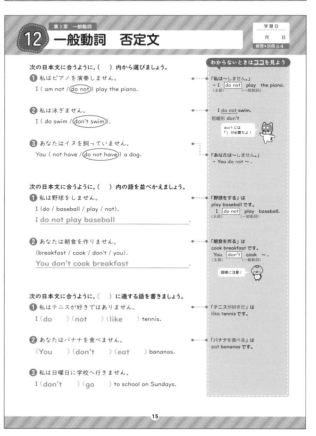

13 一般動詞　疑問文

第3章 一般動詞

学習日　月　日
解答▶別冊 p.5

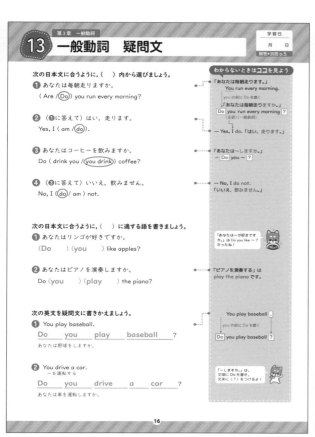

次の日本文に合うように、（　）内から選びましょう。

❶ あなたは毎朝走りますか。
（ Are /(Do)) you run every morning?

❷ （❶に答えて）はい、走ります。
Yes, I (am /(do)).

❸ あなたはコーヒーを飲みますか。
Do (drink you /(you drink)) coffee?

❹ （❸に答えて）いいえ、飲みません。
No, I ((do)/ am) not.

次の日本文に合うように、（　）に適する語を書きましょう。

❶ あなたはリンゴが好きですか。
(Do　) (you　) like apples?

❷ あなたはピアノを演奏しますか。
Do (you　) (play　) the piano?

次の英文を疑問文に書きかえましょう。

❶ You play baseball.
Do　you　play　baseball　?
あなたは野球をしますか。

❷ You drive a car.
　～を運転する
Do　you　drive　a　car　?
あなたは車を運転しますか。

わからないときはココを見よう

「あなたは毎朝走ります。」
You run every morning.
you の前に Do を置く

「あなたは毎朝走りますか。」
Do run every morning ?
（主語）（一般動詞）

— Yes, I do.「はい、走ります。」

「あなたは～しますか」
→ Do you ～?

— No, I do not.
「いいえ、飲みません。」

「あなたは～が好きですか」は Do you like ～? だったね

「ピアノを演奏する」は play the piano です。

You play baseball.
you の前に Do を置く
Do you play baseball?

「～しますか」は、文頭に Do を置き、文末に（？）をつけるよ!

16

---

14 What ～?

第4章 疑問詞①

学習日　月　日
解答▶別冊 p.5

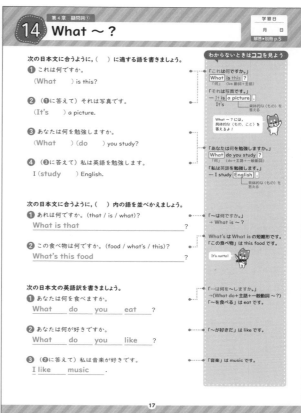

次の日本文に合うように、（　）に適する語を書きましょう。

❶ これは何ですか。
(What　) is this?

❷ （❶に答えて）それは写真です。
(It's　) a picture.

❸ あなたは何を勉強しますか。
(What　) (do　) you study?

❹ （❸に答えて）私は英語を勉強します。
I (study　) English.

次の日本文に合うように、（　）内の語を並べかえましょう。

❶ あれは何ですか。(that / is / what)?
What is that　?

❷ この食べ物は何ですか。(food / what's / this)?
What's this food　?

次の日本文の英語訳を書きましょう。

❶ あなたは何を食べますか。
What　do　you　eat　?

❷ あなたは何が好きですか。
What　do　you　like　?

❸ （❷に答えて）私は音楽が好きです。
I like　music　.

わからないときはココを見よう

「これは何ですか。」
What is this ?
（be 動詞＋主語）

「それは写真です。」
— It is a picture.
It's
具体的な（もの）を答える

What ～? には、具体的な（もの、こと）を答えるよ!

「あなたは何を勉強しますか。」
What do you study ?
「何」（do＋主語＋一般動詞）

「私は英語を勉強します。」
— I study English.
具体的な（もの）を答える

「～は何ですか。」
→ What is ～?

What's は What is の短縮形です。
「この食べ物」 is this food です。

It's natto!

「…は何を～しますか」
→(What do＋主語＋一般動詞～?)
「～を食べる」は eat です。

「～が好きだ」は like です。

「音楽」は music です。

17

---

15 Who ～?

第4章 疑問詞①

学習日　月　日
解答▶別冊 p.5

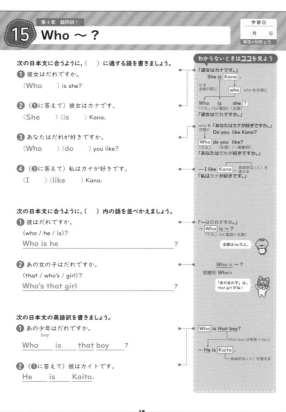

次の日本文に合うように、（　）に適する語を書きましょう。

❶ 彼女はだれですか。
(Who　) is she?

❷ （❶に答えて）彼女はカナです。
(She　) (is　) Kana.

❸ あなたはだれが好きですか。
(Who　) (do　) you like?

❹ （❸に答えて）私はカナが好きです。
(I　) (like　) Kana.

次の日本文に合うように、（　）内の語を並べかえましょう。

❶ 彼はだれですか。
(who / he / is)?
Who is he　?

❷ あの女の子はだれですか。
(that / who's / girl)?
Who's that girl　?

次の日本文の英語訳を書きましょう。

❶ あの少年はだれですか。
　　　boy
Who　is　that boy　?

❷ （❶に答えて）彼はカイトです。
He　is　Kaito　.

わからないときはココを見よう

「彼女はカナです。」
She is Kana.
is を主語の前に
Who who を文頭に

「だれ」（be 動詞）（主語）
Who is she ?
「彼女はだれですか。」

who を「あなたはカナが好きですか。」の文頭に
Do you like Kana?

Who do you like ?
「だれ」（主語）（一般動詞）
「あなたはだれが好きですか。」

— I like Kana. 具体的な（人）を答える
「私はカナが好きです。」

「～はだれですか。」
→ Who is ～?
「だれ」（be 動詞＋主語）

主語は he だよ。

Who is ～?
短縮形 Who's

「あの女の子」は、that girl だね!

Who is that boy?
that boy は男性→ He に
— He is Kaito.
具体的な（人）を答える

18

---

16 How ～?

第4章 疑問詞①

学習日　月　日
解答▶別冊 p.5

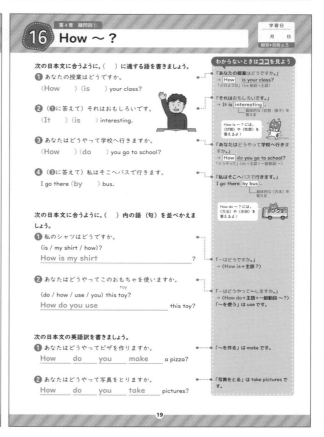

次の日本文に合うように、（　）に適する語を書きましょう。

❶ あなたの授業はどうですか。
(How　) (is　) your class?

❷ （❶に答えて）それはおもしろいです。
(It　) (is　) interesting.

❸ あなたはどうやって学校へ行きますか。
(How　) (do　) you go to school?

❹ （❸に答えて）私はそこへバスで行きます。
I go there (by　) bus.

次の日本文に合うように、（　）内の語（句）を並べかえましょう。

❶ 私のシャツはどうですか。
(is / my shirt / how)?
How is my shirt　?

❷ あなたはどうやってこのおもちゃを使いますか。
　　　　　　　　　toy
(do / how / use / you) this toy?
How do you use　this toy?

次の日本文の英語訳を書きましょう。

❶ あなたはどうやってピザを作りますか。
How　do　you　make　a pizza?

❷ あなたはどうやって写真をとりますか。
How　do　you　take　pictures?

わからないときはココを見よう

「あなたの授業はどうですか。」
→ How is your class?
「どのような」（be 動詞＋主語）

「それはおもしろいです。」
→ It is interesting.
具体的な（状態・様子）を答える

How is ～? には、（状態）や（性質）を答えるよ!

「あなたはどうやって学校へ行きますか。」
→ How do you go to school?
「どうやって」（do＋主語＋一般動詞～?）

「私はそこへバスで行きます。」
I go there by bus.
具体的な（方法）を答える

How do ～? には、（方法）や（手段）を答えるよ!

「…はどうですか。」
→ (How is＋主語～?)

「…はどうやって～しますか」
→(How do＋主語＋一般動詞～?)
「～を使う」は use です。

「～を作る」は make です。

「写真をとる」は take pictures です。

19

5

17 When 〜 ?

次の日本文に合うように、（　）に適する語を書きましょう。

わからないときはココを見よう

❶ あなたの誕生日はいつですか。
（When　）（is　）your birthday?

◀「あなたの誕生日はいつですか。」
→ When is your birthday?
「いつ」（be 動詞＋主語）

❷ （❶に答えて）4月2日です。
（It's　）April 2.

◀「日付」です。」→ It's 〜.

❸ あなたはいつ英語を勉強しますか。
（When　）（do　）you study English?

◀「あなたはいつ英語を勉強しますか。」
When do you study English?
「いつ」（do＋主語＋一般動詞 〜）

❹ （❸に答えて）私はそれを毎週月曜日に勉強します。
I（study　）it（on　）Mondays.

◀「曜日」に」→（on＋曜日）
曜日は必ず大文字で書き始めるよ。

次の日本文に合うように、（　）内の語（句）を並べかえましょう。

❶ 夏祭りはいつですか。
(the summer festival / is / when)?
When is the summer festival ?

◀「…はいつですか。」
→〈When is＋主語〉
「夏祭り」は the summer festival だよ！

❷ 彼らはいつテニスを練習しますか。
(they / when / practice / do) tennis?
When do they practice tennis?

◀「…はいつ〜しますか。」
→〈When do＋主語＋一般動詞 〜?〉

次の日本文の英語訳を書きましょう。

❶ 文化祭はいつですか。
　the school festival
When　is　the school festival ?

◀「…はいつですか。」
→〈When is＋主語〉

❷ （❶に答えて）それは11月3日にあります。
It's　on　November 3.

◀「日付」に」→（on＋日付）

20

18 Where 〜 ?

次の日本文に合うように、（　）に適する語を書きましょう。

わからないときはココを見よう

❶ 公園はどこにありますか。
（Where　）（is　）the park?

◀「公園はどこにありますか。」
→ Where is the park?
「どこに」（be 動詞＋主語）

❷ （❶に答えて）それは私の家の近くにあります。
It is（near　）my house.

◀「それは私の家の近くにあります。」
→ It is near my house.
　　　具体的な（場所）を答える

❸ あなたは毎年どこへ行きますか。
（Where　）（do　）you go
every year?

◀「あなたは毎年どこへ行きますか。」
→ Where do you go every year?
「どこへ」（do＋主語＋一般動詞）

❹ （❸に答えて）私は東京へ行きます。
I go（to　）（Tokyo　）.

◀「私は東京へ行きます。」
→ I go to Tokyo.
　　　具体的な（場所）を答える
near は「〜の近くに」、to は「〜へ」を表すよ！

次の日本文に合うように、（　）内の語を並べかえましょう。

❶ あなたの学校はどこにありますか。
(is / school / where / your)?
Where is your school ?

◀「…はどこにありますか。」
→〈Where is＋主語〉

❷ あなたはどこで泳ぎますか。
(swim / do / where / you)?
Where do you swim ?

◀「…はどこで〜しますか。」
→〈Where do＋主語＋一般動詞 〜?〉
「どこで〜しますか」は do を使うよ！

次の日本文の英語訳を書きましょう。

❶ あなたはどこで本を読みますか。
Where　do　you　read books?

◀「…はどこで〜しますか。」
→〈Where do＋主語＋一般動詞 〜?〉

❷ 動物園はどこにありますか。
　the zoo
Where　is　the zoo?

◀「…はどこにありますか。」
→〈Where is＋主語?〉

21

19 命令文

次の日本文に合うように、（　）内から選びましょう。

わからないときはココを見よう

❶ このペンを使いなさい。
（(Use) / You use / Be）this pen.

◀「あなたはこのペンを使います。」
You use this pen.
☐ Use this pen.
　　動詞で文を始める
「このペンを使いなさい。」

❷ 静かにしなさい。
（Do /(Be)/ You are）quiet.

◀「あなたは静かです。」
You are quiet.
Be quiet.「静かにしなさい。」
　　be 動詞は be にする

❸ 私を助けてください。
（(Please help)/ You help / Be help）me.

◀「〜してください」
→（Please＋動詞 〜.）
ていねいな表現だね。

次の日本文に合うように、（　）に適する語を書きましょう。

❶ 英語を勉強しなさい。
（Study　）English.

◀「〜を勉強する」は study です。

❷ ここで走ってはいけません。
（Don't　）（run　）here.

◀「〜してはいけません。」
→（Don't＋動詞 〜.）

次の英文を下の日本語に合うように書きかえましょう。

❶ You eat breakfast.
朝食を食べなさい。
Eat　breakfast　.

◀「〜を食べる」は eat です。
命令文では主語を使わないよ！

❷ You bring your cup.
あなたのカップを持ってきてください。
Please　bring　your　cup　.

◀「〜してください。」
→（Please＋動詞 〜.）
「〜を持ってくる」は bring です。

❸ We go to the library.
図書館へ行きましょう。
Let's　go　to the library.

◀「〜しましょう。」
→〈Let's＋動詞 〜.〉

22

20 感嘆文

次の日本文に合うように、（　）内から選びましょう。

わからないときはココを見よう

❶ なんて美しいんだ！
（(How)/ What）beautiful!

◀形容詞を強調する場合。
How beautiful！
　　（形容詞）

❷ なんてかわいいネコなんだ！
（ How /(What)）a cute cat!

◀名詞を強調する場合。
What a cute cat！
　　　　（名詞）

❸ 彼はなんて背が高いんだ！
（(How)/ What）tall he is!

◀tall「背が高い」は形容詞です。
How tall he is！
（How＋形容詞）（主語＋動詞）
形容詞には How を、名詞には What を使うよ！

次の日本文に合うように、（　）に適する語を書きましょう。

❶ なんておもしろい本なんだ！
（What　）an interesting book!

◀an interesting book「おもしろい本」は《《形容詞》＋名詞》です。
（What＋名詞！）

❷ あなたの髪はなんて長いんだ！
（How　）long your hair（is　）!

◀long「長い」は形容詞です。
How long your hair is！
（How＋形容詞）（主語＋動詞！）

次の日本文に合うように、（　）内の語（句）を並べかえましょう。

❶ あなたの部屋はなんてきれいなんだ！
(your room / clean / how / is)!
How clean your room is ！

◀clean「きれいな」は形容詞です。
（How＋形容詞＋主語＋動詞！）

❷ 彼はなんて声が大きい男なんだ！
　　　　loud
(he / man / a loud / what / is)!
What a loud man he is ！

◀a loud man「声が大きい男」は《《形容詞》＋名詞》です。
（What＋名詞＋主語＋動詞！）
なんて〜なんだ！

23

6

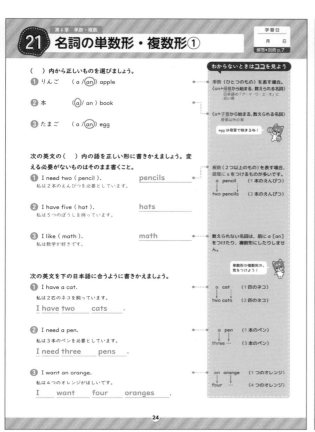

21 名詞の単数形・複数形①

学習日 月 日
解答▶別冊 p.7

（　）内から正しいものを選びましょう。

❶ りんご　（ a /(an)) apple

❷ 本　　　（(a)/ an) book

❸ たまご　（ a /(an)) egg

わからないときはココを見よう

単数（ひとつのもの）を表す場合。
〈an+母音から始まる、数えられる名詞〉
日本語の「ア・イ・ウ・エ・オ」に
近い音

〈a+子音から始まる、数えられる名詞〉
母音以外の音

egg は母音で始まるね！

次の英文の（　）内の語を正しい形に書きかえましょう。変える必要がないものはそのまま書くこと。

❶ I need two (pencil).　　　pencils
私は2本のえんぴつを必要としています。

❷ I have five (hat).　　　hats
私は5つのぼうしを持っています。

❸ I like (math).　　　math
私は数学が好きです。

複数（2つ以上のもの）を表す場合。
語尾に s をつけるものが多いです。
a pencil （1本のえんぴつ）
two pencils （2本のえんぴつ）

数えられない名詞は、前に a [an]
をつけたり、複数形にしたりしません。

単数形か複数形か、
気をつけよう！

次の英文を下の日本語に合うように書きかえましょう。

❶ I have a cat.
私は2匹のネコを飼っています。
I have two　cats

❷ I need a pen.
私は3本のペンを必要としています。
I need three　pens

❸ I want an orange.
私は4つのオレンジがほしいです。
I want　four　oranges

a cat （1匹のネコ）
two cats （2匹のネコ）

a pen （1本のペン）
three … （3本のペン）

an orange （1つのオレンジ）
four … （4つのオレンジ）

24

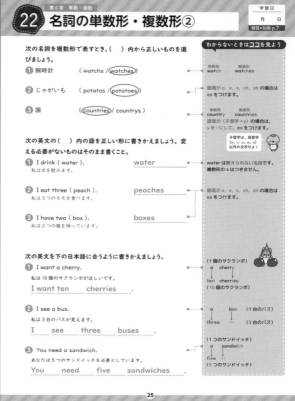

22 名詞の単数形・複数形②

学習日 月 日
解答▶別冊 p.7

次の名詞を複数形で表すとき，（　）内から正しいものを選びましょう。

❶ 腕時計　　（ watchs /(watches) ）

❷ じゃがいも　（ potatos /(potatoes) ）

❸ 国　　　　（(countries)/ countrys ）

わからないときはココを見よう

単数形 watch
複数形 watches
語尾が o, x, s, ch, sh の場合は
es をつけます。

単数形 country
複数形 countries
語尾が〈子音字+y〉の場合は、
y を i にして、es をつけます。

子音字と、母音字
（a, i, u, e, o）
以外の文字だよ！

次の英文の（　）内の語を正しい形に書きかえましょう。変える必要がないものはそのまま書くこと。

❶ I drink (water).　　　water
私は水を飲みます。

❷ I eat three (peach).　　　peaches
私は3つのモモを食べます。

❸ I have two (box).　　　boxes
私は2つの箱を持っています。

water は数えられない名詞です。
複数形の s はつきません。

語尾が o, x, s, ch, sh の場合は
es をつけます。

次の英文を下の日本語に合うように書きかえましょう。

❶ I want a cherry.
私は10個のサクランボがほしいです。
I want ten　cherries

❷ I see a bus.
私は3台のバスが見えます。
I　see　three　buses　.

❸ You need a sandwich.
あなたは5つのサンドイッチを必要としています。
You　need　five　sandwiches

（1個のサクランボ）
a cherry
ten cherries
（10個のサクランボ）

a bus （1台のバス）
three … （3台のバス）

（1つのサンドイッチ）
a sandwich
five … （5つのサンドイッチ）

25

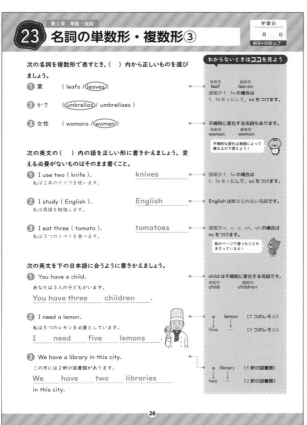

23 名詞の単数形・複数形③

学習日 月 日
解答▶別冊 p.7

次の名詞を複数形で表すとき，（　）内から正しいものを選びましょう。

❶ 葉　　（ leafs /(leaves) ）

❷ かさ　（(umbrellas)/ umbrellaes ）

❸ 女性　（ womans /(women) ）

わからないときはココを見よう

単数形 leaf
複数形 leaves
語尾が f, fe の場合は、
f, fe を v にして、es をつけます。

不規則に変化する名詞もあります。
単数形 woman
複数形 women
不規則な変化は単語によって
異なるので覚えよう！

次の英文の（　）内の語を正しい形に書きかえましょう。変える必要がないものはそのまま書くこと。

❶ I use two (knife).　　　knives
私は2本のナイフを使います。

❷ I study (English).　　　English
私は英語を勉強します。

❸ I eat three (tomato).　　　tomatoes
私は3つのトマトを食べます。

語尾が f, fe の場合は
f, fe を v にして、es をつけます。

English は数えられない名詞です。

語尾が o, x, s, ch, sh の場合は
es をつけます。

前のページで習ったことも
まざっているよ！

次の英文を下の日本語に合うように書きかえましょう。

❶ You have a child.
あなたは3人の子どもがいます。
You have three　children　.

❷ I need a lemon.
私は5つのレモンを必要としています。
I　need　five　lemons

❸ We have a library in this city.
この市には2軒の図書館があります。
We　have　two　libraries
in this city.

child は不規則に変化する名詞です。
単数形 child
複数形 children

a lemon （1つのレモン）
five … （5つのレモン）

a library （1軒の図書館）
two … （2軒の図書館）

26

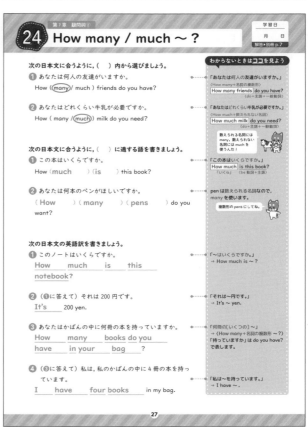

24 How many / much 〜 ?

学習日 月 日

次の日本文に合うように，（　）内から選びましょう。

❶ あなたは何人の友達がいますか。
How ((many)/ much) friends do you have?

❷ あなたはどれくらい牛乳が必要ですか。
How (many /(much)) milk do you need?

わからないときはココを見よう

「あなたは何人の友達がいますか。」
(How many+名詞の複数形)
How many friends do you have?
〈do+主語＋一般動詞〉

「あなたはどれくらい牛乳が必要ですか。」
(How much+数えられない名詞)
How much milk do you need?
〈do+主語＋一般動詞〉

数えられる名詞には
many、数えられない
名詞には much を
使うんだ！

次の日本文に合うように，（　）に適する語を書きましょう。

❶ この本はいくらですか。
How (much) (is) this book?

❷ あなたは何本のペンがほしいですか。
(How) (many) (pens) do you want?

「この本はいくらですか。」
How much is this book?
〈いくら〉〈be動詞＋主語〉

pen は数えられる名詞なので、
many を使います。
複数形の pens にしてね。

次の日本文の英語訳を書きましょう。

❶ このノートはいくらですか。
How　much　is　this
notebook?

❷ （❶に答えて）それは200円です。
It's　200 yen.

❸ あなたはかばんの中に何冊の本を持っていますか。
How　many　books do you
have　in your　bag?

❹ （❸に答えて）私は、私のかばんの中に4冊の本を持っています。
I　have　four books　in my bag.

「〜はいくらですか。」
→ How much is 〜?

「それは〜円です。」
→ It's 〜 yen.

「何冊の［いくつの］〜」
→ (How many+名詞の複数形 〜?)
「持っていますか」は do you have?
で表します。

「私は〜を持っています。」
→ I have 〜.

27

7

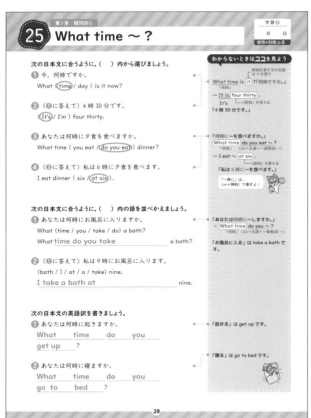

25 What time 〜？

第7章 疑問詞②

学習日　月　日
解答▶別冊 p.8

次の日本文に合うように, ( ) 内から選びましょう。

わからないときは**ココ**を見よう

❶ 今, 何時ですか。
What ((time) / day) is it now?

時刻を表す文の主語は it を使う
「What time is it?(何時ですか。)」

❷ (❶に答えて) 4 時 30 分です。
((It's) / I'm) four thirty.

— It is four thirty.
　It's 　　　（時刻）を答える
　「4 時 30 分です。」

❸ あなたは何時に夕食を食べますか。
What time (you eat / (do you eat)) dinner?

「何時に〜を食べますか。」
What time do you eat 〜?
「時刻」「do +主語+一般動詞 〜」
— I eat 〜 at six.　（時刻）を答える
「6 時に〜を食べます。」

❹ (❸に答えて) 私は 6 時に夕食を食べます。
I eat dinner (six / (at six)).

「〜時に」は,
（at +時刻）で表すよ!

次の日本文に合うように, ( ) 内の語を並べかえましょう。

❶ あなたは何時にお風呂に入りますか。
What (time / you / take / do) a bath?
What time do you take 　　　　a bath?

「あなたは何時に〜しますか。」
→ What time do you 〜
「時刻」「do +主語+一般動詞 〜」

❷ (❶に答えて) 私は 9 時にお風呂に入ります。
(bath / I / at / a / take) nine.
I take a bath at 　　　　nine.

「お風呂に入る」は take a bath です。

次の日本文の英語訳を書きましょう。

❶ あなたは何時に起きますか。
What　time　do　you
get up　？

「起きる」は get up です。

❷ あなたは何時に寝ますか。
What　time　do　you
go　to　bed　？

「寝る」は go to bed です。

28

26 What ＋名詞

第7章 疑問詞②

学習日　月　日
解答▶別冊 p.8

次の日本文に合うように, ( ) 内から選びましょう。

わからないときは**ココ**を見よう

❶ あなたは何色が好きですか。
(How color / (What color)) do you like?

「あなたは何色が好きですか。」
What color do you like?
（what +名詞）「do +主語+一般動詞」

❷ (❶に答えて) 私は青色が好きです。
I ((like blue) / don't like blue).

「私は青色が好きです。」
— I like blue.
（名詞）について
具体的に答える

❸ あなたは何の教科が得意ですか。
(What / (What subject)) are you good at?

「あなたは何の教科が得意ですか。」
What subject are you good at?
（what +名詞）「be 動詞+主語」

❹ (❸に答えて) 私は理科が得意です。
I'm good at ((science) / baseball).

「私は理科が得意です。」
→ I'm good at science.
（名詞）について
具体的に答える

（what +名詞）のあとには,
一般動詞や be 動詞の疑問文が続くよ!

次の日本文に合うように, ( ) 内の語を並べかえましょう。

❶ あなたは何の車がほしいですか。
(do / car / you / what / want)?
What car do you want 　　　　?

what「何の」+car「車」
= what car「何の車」

❷ あなたは何の果物が好きですか。
fruit
(fruit / you / what / like / do)?
What fruit do you like 　　　　?

what「何の」+fruit「果物」
= what fruit「何の果物」

次の日本文の英語訳を書きましょう。

❶ これは何という食べ物ですか。
food
What　food　is　this ？

「食べ物」は food です。
what「何の」+food「食べ物」
= what food「何の食べ物」

❷ あなたは何のスポーツをしますか。
What　sport(s)　do　you　play ？

「スポーツ」は sport です。
what「何の」+sport「スポーツ」
= what sport「何のスポーツ」

29

27 形容詞の使い方

第8章 形容詞

学習日　月　日
解答▶別冊 p.8

次の日本文に合うように, ( ) 内から選びましょう。

わからないときは**ココ**を見よう

❶ この花は美しいです。
This flower ((is beautiful) / beautiful).

形容詞は（状態）（性質）
（感情）を表す「」
「この花は美しいです。」
This flower is beautiful.
〈主語〉　　　〈形容詞〉
〈主語〉＝〈形容詞〉の関係

❷ これは小さなかばんです。
This is a (bag small / (small bag)).

「これは小さなかばんです。」
This is a small bag.
　　　〈形容詞〉〈名詞〉
→〈形容詞〉が〈名詞〉を説明する関係

❸ あなたは親切です。
You (kind are / (are kind)).

「あなた」＝「親切」の関係です。
You are kind.
〈主語〉　　〈形容詞〉

次の日本文に合うように, ( ) に適する語を書きましょう。

❶ あなたは大きいボールを持っています。
You have a (big 　) (ball 　).

「大きい」が「ボール」を説明します。
big ball

❷ このリンゴはおいしいです。
This apple (is 　) (delicious 　).

「このリンゴ」＝「おいしい」の関係です。
This apple is delicious.

次の英文を下の日本語に合うように書きかえましょう。

❶ She is tall.
彼女は背が高い女の子です。
She　is　a tall　girl ．

She is tall.
「彼女」は背が高いです。
She is a tall girl.
「彼女」は背が高い「女の子」です。

❷ This book is interesting.
これはおもしろい本です。
This　is　an
interesting　book．

This book is interesting.
「この本」はおもしろいです。
This is an interesting book.
「これはおもしろい本」です。

30

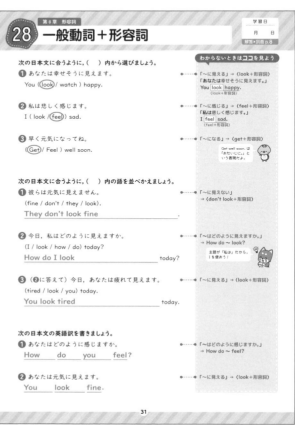

28 一般動詞＋形容詞

第8章 形容詞

学習日　月　日
解答▶別冊 p.8

次の日本文に合うように, ( ) 内から選びましょう。

わからないときは**ココ**を見よう

❶ あなたは幸せそうに見えます。
You ((look) / watch) happy.

「〜に見える」→（look +形容詞）
「あなたは幸せそうに見えます。」
You look happy.
　　（look +形容詞）

❷ 私は悲しく感じます。
I (look / (feel)) sad.

「〜に感じる」→（feel +形容詞）
「私は悲しく感じます。」
I feel sad.
（feel +形容詞）

❸ 早く元気になってね。
((Get) / Feel) well soon.

Get well soon. は
「おだいじに。」と
いう表現だよ。

次の日本文に合うように, ( ) 内の語を並べかえましょう。

❶ 彼らは元気に見えません。
(fine / don't / they / look).
They don't look fine 　　　　.

「〜に見えない」
→〈don't look +形容詞〉

❷ 今日, 私はどのように見えますか。
(I / look / how / do) today?
How do I look 　　　　today?

「〜はどのように見えますか。」
→ How do 〜 look?
主語が「私」だから,
I を使うよ

❸ (❷に答えて) 今日, あなたは疲れて見えます。
(tired / look / you) today.
You look tired 　　　　today.

「〜に見える」〈look +形容詞〉

次の日本文の英語訳を書きましょう。

❶ あなたはどのように感じますか。
How　do　you　feel ？

「〜はどのように感じますか。」
→ How do 〜 feel?

❷ あなたは元気に見えます。
You　look　fine．

「〜に見える」→〈look +形容詞〉

31

8

29 頻度の副詞

次の日本文に合うように，（　）内から選びましょう。

① 私はたいてい月曜日に野球をします。
I ((usually) / often) play baseball on Mondays.

② あなたはときどき英語を話します。
You (always / (sometimes)) speak English.

③ 私はいつも 7 時に起きます。
I (often / (always)) get up at seven.

次の日本文に合うように，（　）に適する語を書きましょう。

① 彼らはいつも 9 時に寝ます。
They (always) (go) to bed at nine.

② あなたはよくピザを食べますか。
Do you (often) (eat) pizza?

③ 私はときどきマンガを読みます。
I (sometimes) (read) comic books.

次の英文を下の日本語に合うように書きかえましょう。

① I usually drink coffee.
私はときどきコーヒーを飲みます。
I　sometimes　drink　coffee　.

② I often drive a car.
あなたはよく車を運転しますか。
Do　you　often　drive　a
car　?

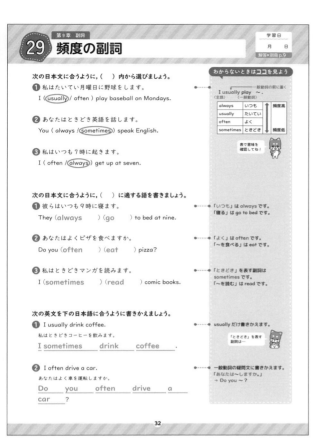

わからないときは**ココ**を見よう

I usually play 〜。
（主語）　　（一般動詞）一般動詞の前に置く

		頻度高
always	いつも	
usually	たいてい	
often	よく	
sometimes	ときどき	頻度低

表で意味を確認してね！

「いつも」は always です。
「寝る」は go to bed です。

「よく」は often です。
「〜を食べる」は eat です。

「ときどき」を表す副詞は
sometimes です。
「〜を読む」は read です。

usually だけ書きかえます。

「ときどき」を表す副詞は…

一般動詞の疑問文に書きかえます。
「あなたは〜しますか。」
→ Do you 〜?

32

30 そのほかの副詞

次の日本文に合うように，（　）内から選びましょう。

① あなたはピアノを上手に演奏します。
You play the piano ((well) / much).

② 私は速く走ります。
I run (early / (fast)).

次の日本文に合うように，（　）に適する語を書きましょう。

① 私はリンゴがとても好きです。
I like apples (very) (much).

② あなたはとても上手に泳ぎます。
You swim (very) (well).

③ 私も音楽が好きです。
I like music, (too).

次の英文を下の日本語に合うように書きかえましょう。

① I like tomatoes.
私はトマトがとても好きです。
I　like　tomatoes
very　much　.

② Do you speak English?
あなたは上手に英語を話しますか。
Do　you　speak　English　well　?

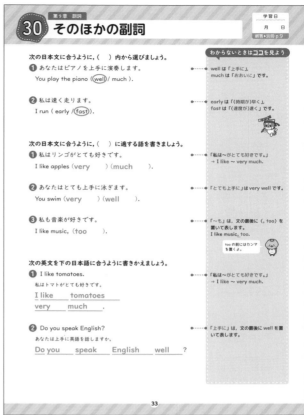

わからないときは**ココ**を見よう

well は「上手に」，
much は「おおいに」です。

early は「（時間が）早く」，
fast は「（速度が）速く」です。

「私は〜がとても好きです。」
→ I like 〜 very much.

「とても上手に」は very well です。

「〜も」は，文の最後に〈, too〉を
置いて表します。
I like music, too.

too の前にはカンマを置くよ。

「私は〜がとても好きです。」
→ I like 〜 very much.

「上手に」は，文の最後に well を置いて表します。

33

31 〈場所〉を表す前置詞

次の日本文に合うように，（　）内から選びましょう。

① あなたのぼうしはこの箱の中にあります。
Your cap is ((in) / to) this box.

② 私は駅の近くに住んでいます。
I live (on / (near)) the station.

次の日本文に合うように，（　）に適する語を□内から選んで書きましょう。

① あなたはロンドン出身ですか。
Are you (from) London?

② 私のノートは机の上にあります。
My notebook is (on) the desk.

③ 私のネコはベッドの下にいません。
My cat isn't (under) the bed.

under	from	on

次の英文の日本語訳を書きましょう。

① Do you often go to the park?
（あなたはよく公園に行きますか　　　　　）。

② Let's eat lunch at that restaurant.
（あのレストランで昼食を食べましょう　　　　　）。

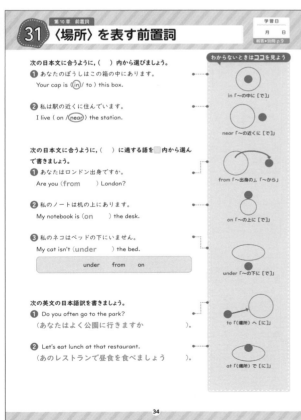

わからないときは**ココ**を見よう

in「〜の中に［で］」

near「〜の近くに［で］」

from「〜出身の」，「〜から」

on「〜の上に［で］」

under「〜の下に［で］」

to「（場所）へ［に］」

at「（場所）で［に］」

34

32 〈時〉を表す前置詞

次の日本文に合うように，（　）に適する語を書きましょう。

① 私は水曜日にテニスを練習します。
I practice tennis (on) Wednesdays.

② あなたは夏にハイキングを楽しみますか。
Do you enjoy hiking (in) summer?

次の日本文に合うように，（　）に適する語を□内から選んで書きましょう。

① 私はたいてい 7 時に起きます。
I usually get up (at) 7:00.

② 夕食後に入浴しなさい。
Take a bath (after) dinner.

③ 授業の前にこの本を読みましょう。
Let's read this book (before) class.

at	after	before

次の英文の日本語訳を書きましょう。

① I study math for an hour every day.
（私は毎日 1 時間数学を勉強します　　　　　）。

② We enjoy fishing in July.
（私たちは 7 月につりを楽しみます　　　　　）。

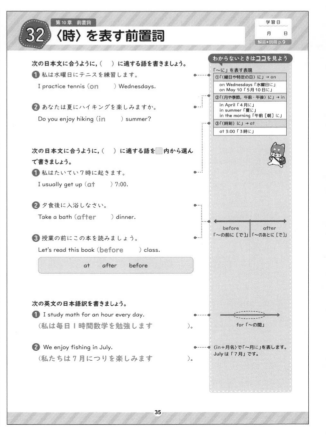

わからないときは**ココ**を見よう

「〜に」を表す表現
①「（曜日や特定の日）に」→ on
on Wednesdays「水曜日に」
on May 10「5月10日に」
②「（月や季節，午前・午後）に」→ in
in April「4月に」
in summer「夏に」
in the morning「午前［朝］に」
③「（時刻）に」→ at
at 3:00「3時に」

before「〜の前に［で］」　after「〜のあとに［で］」

for「〜の間」

〈in＋月名〉で「〜月に」を表します。
July は「7月」です。

35

9

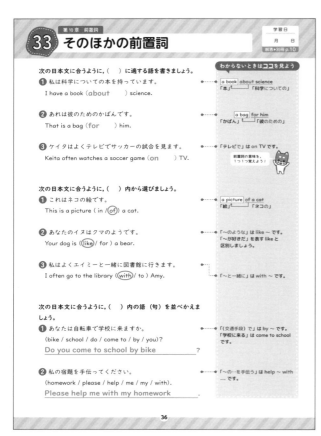

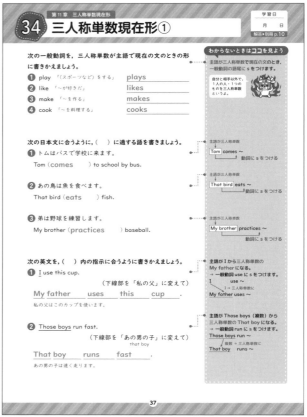

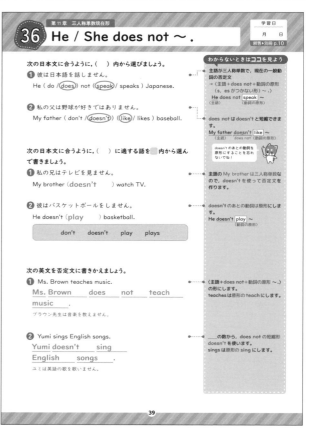

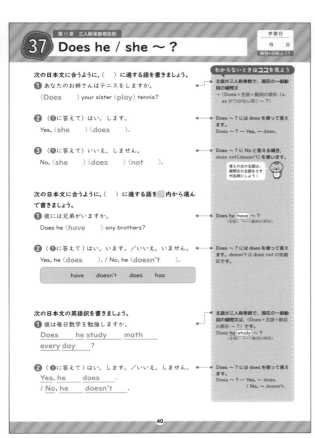

第11章 三人称単数現在形

37 Does he / she ～？

学習日　月　日
解答▶別冊 p.11

次の日本文に合うように、( ) に適する語を書きましょう。

わからないときはココを見よう

❶ あなたのお姉さんはテニスをしますか。

(Does) your sister (play) tennis?

→ 主語が三人称単数で，現在の一般動詞の疑問文 → (Does＋主語＋動詞の原形 (s, es がつかない形) ～?)

❷ （❶に答えて）はい，します。

Yes, (she) (does).

→ Does ～? には does を使って答えます。Does ～? — Yes, ～ does.

❸ （❶に答えて）いいえ，しません。

No, (she) (does) (not).

→ Does ～? に No と答える場合，does not (doesn't) を使います。

答え文の主語は、疑問文の主語をさす代名詞にしよう！

次の日本文に合うように、( ) に適する語を◻内から選んで書きましょう。

❶ 彼には兄弟がいますか。

Does he (have) any brothers?

→ Does he have ～?（主語）（動詞の原形）

❷ （❶に答えて）はい，います。／いいえ，いません。

Yes, he (does). / No, he (doesn't).

→ Does ～? には does を使って答えます。doesn't は does not の短縮形です。

◻ have　doesn't　does　has

次の日本文の英語訳を書きましょう。

❶ 彼は毎日数学を勉強しますか。

Does　he study　math
every day　　　?

→ 主語が三人称単数で，現在の一般動詞の疑問文は，(Does＋主語＋動詞の原形) です。Does he study ～?（主語）（動詞の原形）

❷ （❶に答えて）はい，します。／いいえ，しません。

Yes, he　does
/ No, he　doesn't .

→ Does ～? には does を使って答えます。Does ～? — Yes, ～ does. / No, ～ doesn't.

40

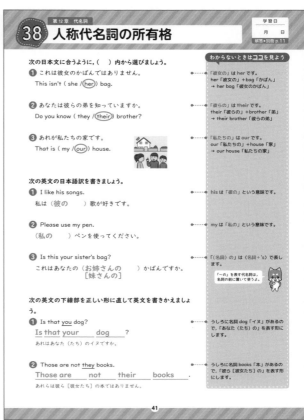

第12章 代名詞

38 人称代名詞の所有格

学習日　月　日
解答▶別冊 p.11

次の日本文に合うように、( ) 内から選びましょう。

わからないときはココを見よう

❶ これは彼女のかばんではありません。

This isn't (she /(her)) bag.

→ 「彼女の」は her です。her「彼女の」+ bag「かばん」→ her bag「彼女のかばん」

❷ あなたは彼らの弟を知っていますか。

Do you know (they /(their)) brother?

→ 「彼らの」は their です。their「彼らの」+ brother「弟」→ their brother「彼らの弟」

❸ あれが私たちの家です。

That is (my /(our)) house.

→ 「私たちの」は our です。our「私たちの」+ house「家」→ our house「私たちの家」

次の英文の日本語訳を書きましょう。

❶ I like his songs.

私は（彼の　　）歌が好きです。

→ his は「彼の」という意味です。

❷ Please use my pen.

（私の　　）ペンを使ってください。

→ my は「私の」という意味です。

❸ Is this your sister's bag?

これはあなたの（お姉さんの　　）かばんですか。
　　　　　　　　[妹さんの]

→ 「(名詞) の」は (名詞 + 's) で表します。

「～の」を表す代名詞は、名詞の前に置いて使うよ。

次の英文の下線部を正しい形に直して英文を書きかえましょう。

❶ Is that you dog?

Is that your　　dog　　?

あれはあなた (たち) のイヌですか。

→ うしろに名詞 dog「イヌ」があるので，「あなた (たち) の」を表す形にします。

❷ Those are not they books.

Those are　not　their　books .

あれらは彼ら [彼女たち] の本ではありません。

→ うしろに名詞 books「本」があるので，「彼ら [彼女たち] の」を表す形にします。

41

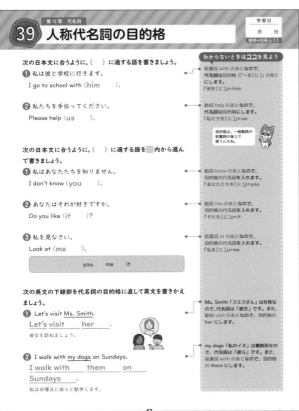

第12章 代名詞

39 人称代名詞の目的格

学習日　月　日
解答▶別冊 p.11

次の日本文に合うように、( ) に適する語を書きましょう。

わからないときはココを見よう

❶ 私は彼と学校に行きます。

I go to school with (him).

→ 前置詞 with のあとなので，代名詞は目的格 (「～を [に]」の形) です。「彼を [に]」= him

❷ 私たちを手伝ってください。

Please help (us).

→ 動詞 help のあとなので，目的格にします。「私たちを [に]」= us

目的格は、一般動詞や前置詞のあとに使うんだね。

次の日本文に合うように、( ) に適する語を◻内から選んで書きましょう。

❶ 私はあなたたちを知りません。

I don't know (you).

→ 動詞 know のあとなので，目的格の代名詞を入れます。「あなたたちを [に]」= you

❷ あなたはそれが好きですか。

Do you like (it)?

→ 動詞 like のあとなので，目的格の代名詞を入れます。「それを [に]」= it

❸ 私を見なさい。

Look at (me).

→ 前置詞 at のあとなので，目的格の代名詞を入れます。「私を [に]」= me

◻ you　me　it

次の英文の下線部を代名詞の目的格に直して英文を書きかえましょう。

❶ Let's visit Ms. Smith.

Let's visit　her .

彼女を訪ねましょう。

→ Ms. Smith「スミスさん」は女性なので，代名詞は「彼女」です。また，動詞 visit のあとなので，目的格の her にします。

❷ I walk with my dogs on Sundays.

I walk with　them　on
Sundays .

私は日曜日に彼らと散歩します。

→ my dogs「私のイヌ」は複数形なので，代名詞は「彼ら」です。また，前置詞 with のあとなので，目的格の them にします。

42

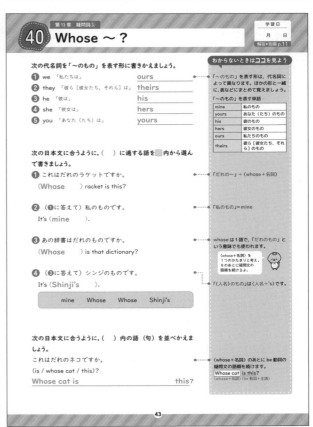

第13章 疑問詞③

40 Whose ～？

学習日　月　日
解答▶別冊 p.11

次の代名詞を「～のもの」を表す形に書きかえましょう。

わからないときはココを見よう

❶ we 「私たちは」　　ours
❷ they 「彼ら [彼女たち，それら] は」　theirs
❸ he 「彼は」　　his
❹ she 「彼女は」　　hers
❺ you 「あなた (たち) は」　yours

→ 「～のもの」を表す形は，代名詞によって異なります。ほかの形と一緒に，表などにまとめて覚えましょう。

「～のもの」を表す単語

mine	私のもの
yours	あなた (たち) のもの
his	彼のもの
hers	彼女のもの
ours	私たちのもの
theirs	彼ら [彼女たち，それら] のもの

次の日本文に合うように、( ) に適する語を◻内から選んで書きましょう。

❶ これはだれのラケットですか。

(Whose) racket is this?

→ 「だれの～」= (whose + 名詞)

❷ （❶に答えて）私のものです。

It's (mine).

→ 「私のもの」= mine

❸ あの辞書はだれのものですか。

(Whose) is that dictionary?

→ whose は 1 語で，「だれのもの」という意味でも使われます。

(whose + 名詞) を 1 つのかたまりと考え，そのあとに疑問文の語順を続けよう。

❹ （❸に答えて）シンジのものです。

It's (Shinji's).

→ 「(人名) のもの」は (人名 + 's) です。

◻ mine　Whose　Whose　Shinji's

次の日本文に合うように、( ) 内の語 (句) を並べかえましょう。

これはだれのネコですか。

(is / whose cat / this)?

Whose cat is　　　　　this?

→ (whose + 名詞) のあとに be 動詞の疑問文の語順を続けます。Whose cat is this?（whose + 名詞）(be 動詞 + 主語)

43

11

41 Which ～?

次の日本文に合うように，（　）に適する語を書きましょう。

わからないときはココを見よう

❶ どちらの自転車がトムのものですか。
　— あの黒いものです。
（Which　）bike is Tom's?
　— That black one is.

●「どちらの～」＝〈which＋名詞〉答えの文の one は、たずねる文の bike を表しています。

〈which＋名詞〉を1つのかたまりと考え、そのあとに疑問文の語順を続けるよ。

❷ あなたは英語とフランス語のどちらを話しますか。
　— 私は英語を話します。
（Which　）do you speak, English（or　）French?
　— I speak English.

●「A と B ではどちらが～ですか。」which は1語で、「どちら」という意味でも使われます。

次の英文の日本語訳を書きましょう。

❶ Which desk is mine?
（どちらの机　）が私のものですか。

●〈which＋名詞〉→「どちらの～」desk は「机」です。

❷ Which sport does he play, soccer or tennis?
彼はサッカーとテニスの（どちらのスポーツ　）をしますか。

●〈A or B〉は「A または B」です。

次の日本文に合うように，（　）内の語を並べかえましょう。

❶ どちらの本が彼女のものですか。
（is / which / book）hers?
Which book is　　　　　　　hers?

●〈which＋名詞〉が主語なので、そのあとに be 動詞を続けます。
Which book is hers?
〈which＋名詞〉　〈be 動詞〉

❷ あなたはどちらのコンピュータを使いますか。
（use / do / which / you / computer）?
Which computer do you　　　use?

●〈which＋名詞〉のあとに一般動詞の疑問文の語順を続けます。
Which computer do you use?
〈which＋名詞〉（do＋主語＋動詞の原形）

42 現在進行形①

次の一般動詞を ing 形に書きかえましょう。

わからないときはココを見よう

❶ study 「～を勉強する」　studying
❷ make 「～を作る」　making
❸ come 「来る」　coming
❹ swim 「泳ぐ」　swimming

●make, come は最後の e をとってから ing をつけます。
●swim は最後の m を重ねてから ing をつけます。

次の日本文に合うように，（　）に適する語を書きましょう。

❶ 私はケンの家に行くところです。
I（am）（going　）to Ken's house.

●「～しているところだ」→〈am[are, is]＋動詞の ing 形〉
●主語が I → be 動詞は am。go はそのまま ing をつけます。

❷ ケイトは写真をとっているところです。
Kate（is　）（taking　）pictures.

●主語が三人称単数 → be 動詞は is。take は最後の e をとってから ing をつけます。

❸ エイミーとメグは公園を走っているところです。
Amy and Meg（are　）（running　）in the park.

●主語が複数 → be 動詞は are。run は最後の n を重ねてから ing をつけます。

次の英文の日本語訳を書きましょう。

❶ We are practicing tennis now.
　　　　　　今
（私たちは今，テニスを練習しているところです。）

●practicing は practice「～を練習する」の ing 形です。

❷ They are eating lunch now.
　　　　　昼食
（彼らは今，昼食を食べているところです。）

●eating は eat「～を食べる」の ing 形です。

❸ He is swimming in the sea.
　　　　　　　　海で
（彼は海で泳いでいるところです。）

●swimming は swim「泳ぐ」の ing 形です。

43 現在進行形②

次の日本文に合うように，（　）に適する語を書きましょう。

わからないときはココを見よう

❶ あなたは今，テレビを見ているところですか。
（Are　）you（watching　）TV now?

●「～しているところですか」→〈Are[Am, Is]＋主語＋動詞の ing 形 ～?〉
You are watching ～.
be 動詞を主語の前に。
Are you watching ～?
（be 動詞）（動詞の ing 形）

❷ 私は今，歌っているところではありません。
I（am　）（not　）（singing　）now.

●「～しているところではない」→〈am[are, is] not＋動詞の ing 形 ～〉
I am not singing ～.
be 動詞のあとに not

次の日本文に合うように，（　）に適する語を　　内から選んで書きましょう。

❶ ジムは今，理科を勉強しているところですか。
（Is　）Jim（studying　）science now?

●「～しているところですか」→〈Is[Am, Are]＋主語＋動詞の ing 形 ～?〉
●主語が三人称単数 → be 動詞は is。

❷（❶に答えて）はい，しています。
　／いいえ，していません。
Yes, he（is　）. / No, he（isn't　）.

●Is ～? には is を使って答えます。
Is Jim studying ～?
— Yes, he is. / No, he isn't.

　isn't　Is　studying　is

次の日本文に合うように，（　）内の語（句）を並べかえましょう。

❶ 彼は今，何をしているところですか。
（doing / what / he / is）now?
What is he doing　　　　　now?

●「何を～していますか。」→ what「何」＋現在進行形の疑問文
What is he doing now?
「何」（be 動詞＋主語＋動詞の ing 形）

❷ 私はピアノを演奏しているところではありません。
（not / the piano / I'm / playing）.
I'm not playing the piano　　　.

●I'm は I am の短縮形です。
I'm not playing
＝ I am not playing
be 動詞のあとに not

44 ing 形を使う表現

次の日本文に合うように，（　）に適する語を書きましょう。

わからないときはココを見よう

❶ ヨウコは泳ぐことが得意です。
Yoko is（good　）（at　）（swimming　）.

●「～することが得意だ」→ be good at ～ing

❷ 私は歌うことが好きです。
I（like　）（singing　）.

●「～することが好きだ」→ like ～ing

❸ 弟はよくつりをして楽しみます。
My brother often（enjoys　）（fishing　）.

●「～して楽しむ」→ enjoy ～ing

次の日本文に合うように，（　）内の語を並べかえましょう。

❶ アンはおどることが得意です。
（at / Ann / good / is / dancing）.
Ann is good at dancing　　　.

●「おどることが得意だ」を、be good at ～ing を使って表します。
Ann is good at dancing.

❷ あなたは料理をして楽しみますか。
（do / cooking / enjoy / you）?
Do you enjoy cooking　　　?

●「料理をして楽しむ」を、enjoy ～ing を使って表します。
Do you enjoy cooking?

次の英文の日本語訳を書きましょう。

❶ Do you like reading books?
（あなたは本を読むことが好きですか。）

●like reading books
＝ like ～ing「～することが好きだ」
＋read books「本を読む」
→「本を読むことが好きだ」

❷ My father sometimes enjoys listening to music.
　　　　　　ときどき
（私の父はときどき音楽を聞いて楽しみます。）

●enjoy listening to music
＝enjoy ～ing「～して楽しむ」
＋listen to music「音楽を聞く」
→「音楽を聞いて楽しむ」

45 to do を使う表現①

次の日本文に合うように，（　）に適する語を書きましょう。

わからないときはココを見よう

❶ 私は朝食を食べたいです。

I（want）（to）（eat）breakfast.

→「〜したい」→ want to 〜

❷ 私は朝早く起きようとします。

I（try）（to）（get）up early in the morning.

→「〜しようとする」→ try to 〜

❸ ユウジはトムを訪ねる必要があります。

Yuji（needs）（to）（visit）Tom.

→「〜する必要がある」→ need to 〜

to のあとの動詞は，主語が何でも原形にするよ。

次の日本文に合うように，（　）内の語（句）を並べかえましょう。

❶ あなたはこの本を買う必要がありますか。

(buy / you / this book / do / to / need)?

Do you need to buy this book ?

→「買う必要がある」を，need to 〜 を使って表します。
Do you need to buy 〜

❷ 私は皿を洗いたくありません。

(wash the dishes / don't / to / I / want).
皿を洗う

I don't want to wash the dishes

→「洗いたくありません」を，want to 〜 を使った否定文で表します。
I don't want to wash 〜

次の英文の日本語訳を書きましょう。

❶ My mother doesn't need to make dinner.

（私の母は夕食を作る必要はありません。）

need to make dinner
→ need to「〜する必要がある」
＋make dinner「夕食を作る」
→「夕食を作る必要がある」

❷ Do you try to speak Japanese?

（あなた（たち）は日本語を話そうとしますか。）

try to speak Japanese
→ try to「〜しようとする」
＋speak Japanese「日本語を話す」
→「日本語を話そうとする」

---

46 to do を使う表現②

次の日本文に合うように，（　）に適する語を書きましょう。

わからないときはココを見よう

❶ あなたは何をしたいですか。

（What）do you（want）（to）do?

→「あなたは何を〜したいですか」は what と want to 〜 を使った疑問文で表します。
What do you want to do?
「何」　　　　　　 want to 〜

❷ （❶に答えて）私はギターを演奏したいです。

I（want）（to）play the guitar.

❸ ジムは何のスポーツをしたいと思っていますか。

（What）sport（does）Jim（want）（to）play?

→主語が三人称単数
→ do ではなく does を使います。
→答えの文では want に s をつけます。
What does Jim want to 〜?
– He wants to ....

❹ （❸に答えて）彼はサッカーをしたいと思っています。

He（wants）to（play）soccer.

次の英文の日本語訳を書きましょう。

❶ Where do you want to go in summer?

（あなたは夏にどこに行きたいですか。）

→ where は「どこに［で］」という意味です。
Where do you want to 〜?
=「あなたはどこに［で］〜したいですか。」

❷ What time does she want to eat lunch?

（彼女は何時に昼食を食べたいと思っていますか。）

→ what time は「何時」という意味です。
What time does she want to 〜?
=「彼女は何時に〜したいと思っていますか。」

❸ When do you want to visit Japan?

（あなた（たち）はいつ日本を訪れたいですか。）

→ when は「いつ」という意味です。
When do you want to 〜?
=「あなたはいつ〜したいですか。」

次の日本文に合うように，（　）内の語を並べかえましょう。

あなたは何を食べたいですか。

(to / do / what / want / eat / you)?

What do you want to eat ?

→「あなたは何を〜したいですか」は what と want to 〜 を使った疑問文で表します。
What do you want to eat?
「何」　　　　　 want to 〜

---

47 can 肯定文

次の日本文に合うように，（　）内から選びましょう。

わからないときはココを見よう

❶ 私は速く走ることができます。

I (am /(can)) run fast.

→「〜することができる」
→ can＋動詞の原形 〜

❷ あなたは上手に歌うことができます。

You (can/ are) sing well.

❸ ジョンは日本語を話すことができます。

John can (speak/ speaks) Japanese.

→ can のあとの動詞は，主語が三人称単数でも原形にします。
John can speak 〜
（三人称単数）　（原形）

次の英文の日本語訳を書きましょう。

❶ I can cook curry and rice.

私はカレーライスを（料理することができます）。

can「〜することができる」
＋cook「〜を料理する」
→ can cook「〜を料理することができる」

❷ Amy can write kanji.

エイミーは漢字を（書くことができます）。

can「〜することができる」
＋write「〜を書く」
→ can write「〜を書くことができる」

次の日本文に合うように，（　）内の語（句）を並べかえましょう。

❶ 私はこのコンピュータを使うことができます。

(use / I / this computer / can).

I can use this computer

→「〜することができる」
→ can＋動詞の原形 〜
I can use this computer.
can＋動詞の原形

❷ 私の父はピアノを演奏することができます。

(play / my father / the piano / can).

My father can play the piano

→「〜することができる」
→ can＋動詞の原形 〜
My father can play the piano.
can＋動詞の原形

---

48 can 否定文

次の日本文に合うように，（　）に適する語を書きましょう。

わからないときはココを見よう

❶ 私は英語の歌を歌うことができません。

I（cannot）（sing）English songs.

→「〜することができない」
→ cannot＋動詞の原形 〜

❷ 彼女たちはこの漢字を読むことができません。

They can't（read）this kanji.

→ can't は cannot の短縮形です。

❸ 彼は上手に泳ぐことができません。

He can't（swim）well.

→ can't［cannot］のあとの動詞は，主語が三人称単数でも原形にします。

次の英文の日本語訳を書きましょう。

❶ We cannot see the bird.

私たちはその鳥を（見ることができません）。

→（cannot＋動詞の原形 〜）
→「〜することができない」
see は「〜が見える」

❷ That boy can't play the guitar.

あの男の子はギターを（演奏することができません）。

→（can't［cannot］＋動詞の原形 〜）
→「〜することができない」
play the guitar は「ギターを演奏する」です。

次の英文を否定文に書きかえましょう。

❶ Meg can draw pictures well.
絵をかく

Meg cannot draw pictures well ［can't］

メグは上手に絵をかくことができません。

→ 否定文にするので，can を cannot［can't］にします。
Meg can　　　draw 〜
Meg cannot［can't］draw 〜
cannot［can't］＋動詞の原形

❷ My mother can ride a unicycle.
一輪車に乗る

My mother cannot ride a unicycle ［can't］

私の母は一輪車に乗ることができません。

My mother can　　　ride 〜
My mother cannot［can't］ride 〜
cannot［can't］＋動詞の原形

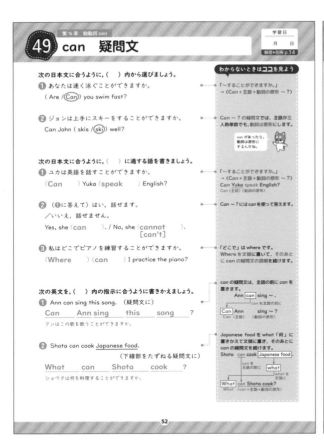

49 can 疑問文

第16章 動詞詞 can

学習日　月　日
解答▶別冊 p.14

次の日本文に合うように、（　）内から選びましょう。

❶ あなたは速く泳ぐことができますか。
　（ Are /(Can)) you swim fast?

→「〜することができますか」
→〈Can＋主語＋動詞の原形〜?〉

❷ ジョンは上手にスキーをすることができますか。
　Can John (skis /(ski)) well?

→ Can 〜? の疑問文では、主語が三人称単数でも、動詞は原形にします。

can があったら、動詞は原形にするんだね。

次の日本文に合うように、（　）に適する語を書きましょう。

❶ ユカは英語を話すことができますか。
　(Can) Yuka (speak) English?

→「〜することができますか」
→〈Can＋主語＋動詞の原形〜?〉
Can Yuka speak English?
Can (主語)(動詞の原形)

❷ （❶に答えて）はい、話せます。
　/いいえ、話せません。
　Yes, she (can). / No, she (cannot
　　　　　　　　　　　　　　　　　　[can't]).

→ Can 〜? には can を使って答えます。

❸ 私はどこでピアノを練習することができますか。
　(Where) (can) I practice the piano?

→「どこで」は where です。
Where を文頭に置いて、そのあとに can の疑問文の語順を続けます。

次の英文を、（　）内の指示に合うように書きかえましょう。

❶ Ann can sing this song. （疑問文に）
　Can　Ann sing　this　song　?
アンはこの歌を歌うことができますか。

can の疑問文は、主語の前に can を置きます。
Ann can sing 〜.
　↓ can を主語の前に
Can Ann sing 〜?
Can (主語)(動詞の原形)

❷ Shota can cook Japanese food.
　　　　　　（下線部をたずねる疑問文に）
　What　can　Shota　cook　?
ショウタは何を料理することができますか。

Japanese food を what「何」に置きかえて文頭に置き、そのあとに can の疑問文を続けます。
Shota can cook Japanese food.
　↓ can を　　　↓ what を
　主語の前に　　文頭に
What can Shota cook?
What (can＋主語＋動詞の原形)

52

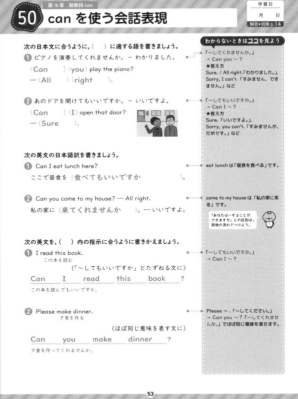

50 can を使う会話表現

第16章 動詞詞 can

学習日　月　日
解答▶別冊 p.14

次の日本文に合うように、（　）に適する語を書きましょう。

❶ ピアノを演奏してくれませんか。 — わかりました。
　(Can)(you) play the piano?
　— (All)(right).

→「〜してくれませんか」
→ Can you 〜?
★答え方
Sure. / All right.「わかりました。」
Sorry, I can't.「すみません。できません。」など

❷ あのドアを開けてもいいですか。 — いいですよ。
　(Can)(I) open that door?
　— (Sure).

→「〜してもいいですか」
→ Can I 〜?
★答え方
Sure.「いいですよ。」
Sorry, you can't.「すみませんが、だめです。」など

次の英文の日本語訳を書きましょう。

❶ Can I eat lunch here?
　ここで昼食を（ 食べてもいいですか ）。

→ eat lunch は「昼食を食べる」です。

❷ Can you come to my house? — All right.
　私の家に（ 来てくれませんか ）。— いいですよ。

→ come to my house は「私の家に来る」です。

「あなたは〜することができますか」との区別は、前後の流れでつけよう。

次の英文を、（　）内の指示に合うように書きかえましょう。

❶ I read this book.
　この本を読む
　（「〜してもいいですか」とたずねる文に）
　Can　I　read　this　book　?
この本を読んでもいいですか。

→「〜してもいいですか」
→ Can I 〜?

❷ Please make dinner.
　夕食を作る
　（ほぼ同じ意味を表す文に）
　Can　you　make　dinner　?
夕食を作ってくれませんか。

Please 〜.「〜してください。」
→ Can you 〜?「〜してくれませんか」でほぼ同じ意味を表せます。

53

51 一般動詞の過去形（規則動詞）

第17章 一般動詞の過去形

学習日　月　日
解答▶別冊 p.14

次の一般動詞を過去形に書きかえましょう。

❶ live 「住む」　　　　lived
❷ listen 「聞く」　　　listened
❸ help 「〜を助ける」　helped
❹ study 「〜を勉強する」 studied

→ 動詞の過去形は動詞の語尾に d または ed をつけて作ります。

→ study は最後の y を i にしてから ed をつけます。
study → studied

次の日本文に合うように、（　）に適する語を書きましょう。

❶ 私は昨日、ジョージに電話をしました。
　I (called) George (yesterday).

→ call「〜に電話をする」の過去形は ed をつけて作ります。
「昨日」は yesterday です。

❷ 彼らは先週、これらの部屋を使いました。
　They (used) these rooms (last) week.

→ use「〜を使う」の過去形は d をつけて作ります。
「先〜、この前の〜」は last 〜 です。

❸ ルーシーは昨年、北海道を訪れました。
　Lucy (visited) Hokkaido (last) year.

→ visit「〜を訪れる」の過去形は ed をつけて作ります。

次の英文に（　）内の語（句）をつけ加え、過去の文に書きかえましょう。

❶ Shinji cooks dinner. （yesterday evening）
　　　　　　　　　　　昨日の晩
　Shinji cooked　dinner　yesterday
evening.
シンジは昨晩、夕食を料理しました。

→ cook「〜を料理する」の過去形は ed をつけて作ります。
Shinji cooks 〜
　↓
Shinji cooked 〜

❷ We watch TV. （yesterday）
　　　　　　　　　昨日
　We watched　TV　yesterday.
私たちは昨日、テレビを見ました。

→ watch「〜を見る」の過去形は ed をつけて作ります。
We watch 〜
　↓
We watched 〜

54

52 一般動詞の過去形（不規則動詞）

第17章 一般動詞の過去形

学習日　月　日
解答▶別冊 p.14

次の一般動詞を過去形に書きかえましょう。

❶ stand 「立つ」　　　　stood
❷ bring 「〜を持ってくる」 brought
❸ eat 「〜を食べる」　　ate
❹ say 「〜を言う」　　　said
❺ come 「来る」　　　　came

→ d または ed をつけるのではなく、不規則に変化する動詞の過去形もあります。
stand → stood
bring → brought
eat → ate
say → said
come → came

次の英文の日本語訳を書きましょう。

❶ I took this picture last week.
　　　　　　　　　　　　　先週
　（私は先週、この写真をとりました。）

→ それぞれの動詞の過去形と、yesterday などの過去を表すキーワードに注意しましょう。

❷ He bought the cap last year.
　　　　　　　　　　　　　昨年
　（彼は昨年、そのぼうしを買いました。）

→ took は take の過去形です。
take a picture は「写真をとる」です。

→ bought は buy「買う」の過去形です。

次の英文に（　）内の語（句）をつけ加え、過去の文に書きかえましょう。

❶ My father makes lunch. （yesterday）
　　　　　　　　　　　　　昨日
　My father made　lunch　yesterday.
私の父は昨日、昼食を作りました。

→ make「〜を作る」の過去形は made です。
My father makes 〜
　↓
My father made 〜

❷ Mike gets up at 6:30. （this morning）
　　　　　　　　　　　　　今朝
　Mike got　up at 6:30 this morning.
マイクは今朝、6時30分に起きました。

→ get の過去形は got です。
get up は「起きる」です。
Mike gets up 〜
　↓
Mike got up 〜

❸ She goes to the park. （last Saturday）
　　　　　　　　　　　　　この前の土曜日
　She　went　to　the　park
last Saturday.
彼女はこの前の土曜日、公園に行きました。

→ go「行く」の過去形は went です。
She goes to 〜
　↓
She went to 〜

55

14

53 一般動詞の過去形　否定文

次の日本文に合うように、（　）に適する語を書きましょう。

❶ 私はテレビを見ませんでした。

I（did）（not）（watch）TV.

▶「〜しませんでした」
→〈did not＋動詞の原形 〜〉
規則動詞でも不規則動詞でも同じ文の形です。

❷ 彼女は学校に来ませんでした。

She（didn't）（come）to school.

▶主語が三人称単数でも、一般動詞の過去の否定文の作り方は変わりません。did not の短縮形は didn't です。

次の日本文に合うように、（　）に適する語を◻内から選んで書きましょう。

❶ 彼は手紙を書きませんでした。

He（did）not（write）a letter.

▶「〜しませんでした」
→〈did not＋動詞の原形 〜〉
He did not write
（＝did not＋動詞の原形）

❷ 私は体育館に行きませんでした。

I（didn't）（go）to the gym.

| did | didn't | write | go |

▶（　）が2つだけなので、did not の短縮形 didn't を使います。

次の英文を否定文に書きかえましょう。

❶ My brother bought the cup.

My brother didn't buy the cup .

私の兄［弟］はそのカップを買いませんでした。

▶「〜しませんでした」
→〈did not＋動詞の原形 〜〉
動詞を原形にすることに注意しましょう。
▶bought は buy「〜を買う」の過去形です。

❷ You practiced the guitar this morning.

You didn't practice the guitar this morning .

あなたは今朝、ギターを練習しませんでした。

▶practiced は practice「〜を練習する」の過去形です。

---

54 一般動詞の過去形　疑問文

次の日本文に合うように、（　）内から選びましょう。

❶ あなたは昨日、早く寝ましたか。

(Do /（Did）) you go to bed early yesterday?

▶「〜しましたか」
→〈Did＋主語＋動詞の原形 〜？〉
規則動詞でも不規則動詞でも同じ文の形です。

❷ 彼は何時にここに来ましたか。

What time did he (came /（come）) here?

▶did を使った疑問文 → 動詞は原形

次の日本文に合うように、（　）に適する語を◻内から選んで書きましょう。

❶ ミキはそのコンサートに参加しましたか。

（Did）Miki（join）the concert?

▶「〜しましたか」
→〈Did＋主語＋動詞の原形 〜？〉
Did Miki join 〜？
（主語）（動詞の原形）

❷ （❶に答えて）はい、しました。
／いいえ、しませんでした。

Yes, she（did）. / No, she（didn't）.

| did | didn't | join | Did | joined |

▶Did 〜？ には did を使って答えます。
Did Miki join 〜？
— Yes, she did . / No, she didn't .

次の日本文の英語訳を書きましょう。

❶ ケンタは朝食を食べましたか。

Did Kenta eat breakfast ?

▶「〜しましたか」
→〈Did＋主語＋動詞の原形 〜？〉
Did Kenta eat 〜？
（主語）（動詞の原形）

❷ あなたは昨日、ここで何をしましたか。

What did you do here yesterday?

▶「何」は what で表し、文頭に置きます。そのあとに一般動詞の過去の疑問文を続けます。
What did you do 〜？
（did＋主語＋動詞の原形 〜？）

❸ ジュディはいつ沖縄に行きましたか。

When did Judy go to Okinawa?

▶「いつ」は when で表し、文頭に置きます。そのあとに〈did＋主語＋動詞の原形 〜？〉を続けます。

---

55 be 動詞の過去形　肯定文

次の日本文に合うように、（　）内から選びましょう。

❶ 私は今朝、疲れていました。

I (am /（was）) tired this morning.

▶be 動詞の過去形 → was / were
私は今朝、疲れていました。
I was tired this morning.
＝am の過去形

❷ 彼女は体育館にいました。

She (is /（was）) in the gym.

▶彼女は体育館にいました。
She was in the gym.
＝is の過去形

❸ あなたは上手な野球選手でした。

You (are /（were）) a good baseball player.

▶あなたは上手な野球選手でした。
You were a good baseball player.
＝are の過去形
be 動詞の過去形は、was と were の2つしかないんだね。

次の英文の日本語訳を書きましょう。

❶ We were classmates last year.
　　　　　　クラスメイト

私たちは（昨年、クラスメイトでした）。

▶We were 〜.
→「私たちは〜でした。」

❷ That movie was interesting.
　　　　　　　おもしろい

あの映画は（おもしろかったです）。

▶That movie was 〜.
→「あの映画は〜でした。」

次の英文に（　）内の語句をつけ加え、過去の文に書きかえましょう。

❶ I am a teacher.（two years ago）
　　　　　　　　　　2年前

I was a teacher two years ago .

私は2年前、教師でした。

▶two years ago「2年前」は過去を表す。
→ am を過去形の was にします。
I am a teacher 〜.
I was a teacher 〜.

❷ They are in Japan.（last year）
　　　　　　　　　　昨年

They were in Japan last year .

彼ら［彼女たち］は昨年、日本にいました。

▶last year「昨年」は過去を表す。
→ are を過去形の were にします。
They are in Japan.
They were in Japan.

---

56 be 動詞の過去形　否定文・疑問文

次の日本文に合うように、（　）に適する語を書きましょう。

❶ 私はそのとき、うれしくありませんでした。

I（was）（not）happy then.

▶「〜ではありませんでした」
→ was[were] not 〜

❷ あなたは昨日、あなたの部屋にいましたか。

（Were）you in your room yesterday?

▶「〜でしたか」
→〈Was[Were]＋主語 〜？〉

❸ （❷に答えて）はい、いました。
／いいえ、いませんでした。

Yes, I（was）. / No, I（wasn't）.

▶Was[Were] 〜？ の疑問文には was, were を使って答えます。
Were you in 〜？
— Yes, I was . / No, I wasn't .
＝was not

次の英文の日本語訳を書きましょう。

❶ They weren't good at math last year.
　　　　　　　　〜が得意な

彼らは昨年、数学が（得意ではありませんでした）。

▶They weren't 〜.
→「彼らは〜ではありませんでした。」

❷ How was the baseball game?

その野球の試合は（どうでしたか）。

▶how＝「どのような」
How was the baseball game?
How was （主語）

次の英文を、（　）内の指示に合うように書きかえましょう。

❶ She was in the art club.（疑問文に）

Was she in the art club ?

彼女は美術部に入っていましたか。

▶疑問文にするので、was を主語の she の前に置きます。
She was in 〜.
was を主語の前に
Was she in 〜？

❷ They were in America last year.
　　　　　　　　　　（下線部をたずねる疑問文に）

Where were they last year?

彼ら［彼女たち］は昨年、どこにいましたか。

▶in America「アメリカに」
場所をたずねるので、where「どこに」を使った疑問文にします。
They were in America 〜.
were を主語の前に where を文頭に
Where were they 〜？

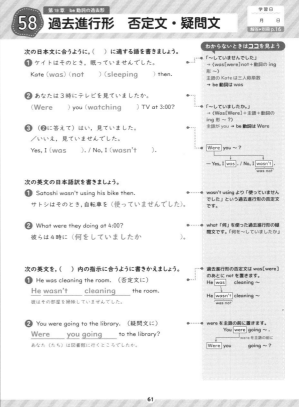

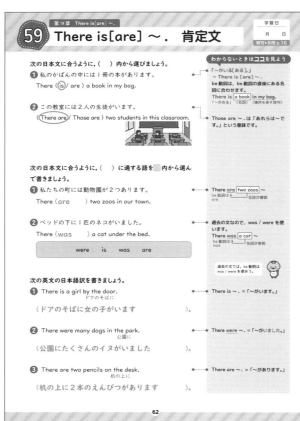

16